사상의 빈곤이 가져온
우리 시대
모순과 상식

참 고 말 씀

이 글은 『사상의 빈곤(2016. 12)』을 보완하여 좀 더 폭넓은 이해를 돕기 위해 쓴 글입니다. 쉽게 읽혀지고 많은 참고가 되었으면 하는 바람과 함께, 자유대한민국을 사랑하고 자유와 평화와 번영을 갈구하며 자유통일을 염원하는 모든 이들에게 이 글을 바칩니다.

사상의 빈곤이 가져온
우리시대 모순과 상식

초판인쇄 2018년 2월 9일
초판발행 2018년 2월 12일
초판3쇄 발행 2018년 5월 15일
초판4쇄 발행 2021년 12월 27일

지은이 허화평
펴낸이 이재욱
펴낸곳 (주)새로운사람들
디자인 김남호
마케팅관리 김종림

ⓒ 허화평 2018

등록일 1994년 10월 27일
등록번호 제2-1825호
주소 서울 도봉구 덕릉로 54가길 25(창동 557-85, 우 01473)
전화 02)2237.3301, 2237.3316 **팩스** 02)2237.3389
이메일 ssbooks@chol.com
홈페이지 http://www.ssbooks.biz

ISBN 978-89-8120-556-0(03300)

사상의 빈곤이 가져온

우리 시대 모순과 상식

허화평 지음

시작하는 말

우리는 일제 식민지 지배로부터 벗어난 1945년 이후 반세기 만에 5,000년 민족사에서 한 번도 겪어보지 못했던 혁명적 변화와 빛나는 발전을 이루어냈습니다. 국제사회에서는 이것을 두고 '한강의 기적'이라는 찬사를 보내고 있습니다.

그러나 기적이 남긴 상처는 깊고 모순은 심각하며 새로운 갈등과 충돌이 분출하고 있어 지난날의 성취가 물거품이 될지도 모른다는 우려를 낳고 있습니다. 지금 한국사회는 뼛속 깊이 병들어 있습니다. 상식이 붕괴되고 모순은 날로 증가하고 있습니다.

1992년 김영삼 대통령이 취임사에서 신(新)한국병을 고치겠다고 다짐한 지도 25년이 흘렀고 그 사이에 한국사회가 안고 있는 갖가지 병폐들은 치유되는 것이 아니라 더 깊어져 가면서 불치의 병이 되어 가고 있습니다.

저는 이 문제의 근본 원인이 '사상의 빈곤'과 이로 인해 생겨난 모순에 있다고 생각합니다.

사상의 빈곤 현상이야말로 대한민국의 발전을 가로막는 궁극적 장벽(ultimate barrier)입니다.

사상의 빈곤으로 인해 자유대한민국의 역사는 표류하고, 국가는 심한 상처를 받고 있으며, 국민은 심히 혼란스러워하고 있습니다. '사상의 빈곤' 현상이야말로 우리 시대 최대 모순이며, '사상의 빈곤' 현상을 올바르게 인식하는 것이야말로 우리 시대 제일가는 상식입니다.

'상식'이란 공동체 구성원으로서, 민주사회 시민으로서 반드시 알고 있어야만 하는 '당연한 지식'을 뜻합니다.

사상이 빈곤한 사회의 특징은 상식이 통하지 않는 데 있습니다. 상식이 통하지 않는 사회는 절망적인 사회입니다.
힘과 영향력을 독점하고 있는 자들의 독단과 독선이 정의로 둔갑하고 규범과 질서는 그들의 자의적 해석과 편의에 따라 적용됩니다.
그들에게 선량한 시민과 국민은 시도 때도 없이 이름을 도용당하는 허수아비이자 필요할 때마다 표를 만들어주는 도구에 불과하고, 그들이 요구하는 화려한 국가 운영자금을 호주머니에서 짜내고 바쳐야 하는 젖소 같은 존재에 불과합니다.
이토록 엄중한 상황에서 졸고 있거나 침묵하는 것은 죄악이 될 것이므로 개인의 견해를 말씀드리고자 합니다.

2018. 1

허 화 평

차 례

참고말씀 2
시작하는 말 4

첫째 마디. 사상이란 무엇인가?

사상이란? 10
사상가는 누구나 될 수 있다 12
자유주의에 대항하는 평등주의 14
보수와 진보에 대한 오해 23
우파와 좌파의 충돌 33
사상은 문화와 문명의 근본이다 37
사상의 힘 39

둘째 마디. 미국 역사에서 본다

미국이라는 나라 50
왜 미국인가? 53
미국을 통합한 지도자 링컨의 사상 58
세계의 운명을 바꾼 지도자 레이건 63

셋째 마디. 사상의 빈곤과 대한민국

우리의 모습 72
사상이 공고한 사회와 사상이 빈곤한 사회 78

넷째 마디.　국가와 국민, 기로에 서다

　　　　체제변혁 투쟁이 진행되고 있다　92
　　　　역사를 지배하는 자가 현재와 미래를 지배한다　107
　　　　올바른 개헌의 길　119
　　　　지도자 빈곤과 지도력의 위기　145

맺음말　168
인명 찾아보기　177
감사 말씀　200

첫째 마디
사상이란 무엇인가?

사상이란?

　철학, 이념, 사상이란 말은 평범한 사람들에게 혼돈을 일으키는 단어들입니다. 철학(philosophy)은 인생과 세계와 우주의 궁극적인 원리를 추구하는 학문을 말합니다. 이념(ideology)과 사상(thought)은 일반적으로 같은 의미로 사용되지만 이념이 이론적인 의미가 강한 데 비해 사상은 상식적인 의미가 강한 단어입니다.
　정확하게 구분하면 사상은 자유주의자들의 용어이고, 이념은 평등주의자들의 용어입니다. 사상이라는 단어는 고대로부터 사용되어 왔으나 이념이란 단어는 1800년 프랑스에서 처음 사용된 후 세계 공산주의 혁명을 꿈꾸었던 맑시스트(marxist)들이 자신들의 정치적 세계관, 세계적 혁명관을 이념이라고 규정하면서부터 일반화된 단어입니다.
　사상이란 가치관을 뜻합니다. 이때 '가치관'이란 배움과 경험, 이성적 사고를 통하여 얻어진 것으로서 올바른 삶을 좌우하는 가치(values)와 규범(standards)을 믿는 것을 말합니다.
　따라서 사상은 개인 차원에서는 행동의 기준이 되고 국가 차원에서는 국가 운영 원리의 근본 바탕이 됩니다. 사상을 전혀 모르는 사람이라 하더라도 국가 구성원인 국민과 시민이 예외 없이 그들 국가체제가 견지하고 있는 사상의 지배를 벗어날 수 없게 되는 이유입니다. 그렇기 때문에 민주사회 구성원 개개인의 가치 판단은 매우 중요합니다.

인간이란 내일 일어날 일들을 정확히 알지 못하는 존재이므로 미래를 향한 삶 자체는 어둠 속을 걸어가는 것과 같기 때문에 등불이 있어야 하고 안내자가 있어야만 합니다. 사상은 바로 우리들 삶에 있어서 등불이자 안내자입니다.

개인의 경우 사상을 알고 살아가는 것은 가로등이 환히 켜진 밤길을 걷는 것과 같고, 사상을 모르고 살아가는 것은 불빛이 없는 캄캄한 밤길을 헤매면서 걷는 것과 다르지 않습니다.

국가의 경우 체제를 떠받치고 있는 사상은 국가의 오늘과 내일을 비쳐주는 등불이자 안내자입니다. 이것이 모든 국가 사회가 사상가들을 반드시 필요로 하고 중요하게 생각하는 결정적 이유입니다.

사상가는 누구나 될 수 있다

사상가란 사상을 지니고 있는 사람으로서 자신의 사상을 전파하기 위하여, 또는 자신이 공감하는 체제의 사상을 지키기 위하여 이론과 논리를 제공하거나 이론 투쟁을 유도하고 촉진하는 능동적이고도 적극적인 지식인을 말합니다.

사상가는 자신이 속해 있는 국가가 채택하고 있는 사상이 보편적이고 합당한 것이라고 확신하게 되면 이를 지키기 위해 노력하지만 그렇지 않고 국가사회가 혼란에 빠진 상황에서 나쁜 사상이 좋은 사상을 위협하게 되면 좋은 사상을 위해 나쁜 사상과 투쟁하는 것을 사명으로 생각하고 행동합니다.

흔히 사상가라고 하면 학식이 깊은 학자를 떠올리게 되지만 사상가와 학자는 구분됩니다. 물론 철학자나 전문분야 학자들, 예술가들이나 언론인들도 사상가가 될 수 있지만 전문적 지식이 없는 사람들도 훌륭한 사상가가 될 수 있습니다.

오히려 역사적 대전환기나 정치·사회적 격동기에는 전문지식을 지닌 학자들보다 그렇지 못한 사람들이 위대한 사상가로 등장하여 역사의 물줄기를 바꾸고 국가 운명을 좌우하였습니다.

『상식(Common Sense)』이라는 팸플릿을 써서 미국독립전쟁과 혁명에 불을 붙인 토마스 페인(Thomas Paine)은 14세 때 학교를 그만두었던 사람이며, 『인간 불평등 기원론』을 써서 프랑스혁명에 결정적 영향을 끼쳤고 맑스(Karl Marx)에게까지 영향을 미친 루소(J. J. Rousseau)는 정상적인 학교 교육을 받아본 적이 없었습니다.

20세기 전반기에 인구가 5억에 가깝고 광대한 국토를 지닌 중국에서 공산주의 혁명을 성공시킨 모택동(毛澤東)은 고등학교 졸업 수준의 학력밖에 없었으나 『모순론』을 써서 혁명 에너지를 결정적으로 끌어올렸습니다.

이처럼 정상적 학교 교육을 받지 못했거나 대학교 문턱에도 가보지 못했던 사람들이 위대한 사상가로 등장하여 역사의 물줄기를 바꾸고 국가의 운명을 좌우하였습니다.

이것은 사상가가 전문분야에 몰두하는 일반 학자들이나 인간의 삶과 죽음, 세계와 우주의 작동 원리에 집중하는 철학자들과는 다르기 때문입니다.

사상가는 역사의 흐름과 시대 상황과 시대정신에 관심을 갖고 제반 현상을 포괄적으로 조망하고 통합적으로 관찰하려는 속성을 지니고 있을 뿐 아니라 상상력과 통찰력과 판단력이 뛰어나고 남다른 상식과 지혜의 소유자들이기 때문입니다.

국가가 어느 방향으로 나아가야 하고 국민이 어떤 시대에 살아가고 있으며, 무엇을 해야 하고 어떻게 해야 할 것인가를 말해 줄 수 있는 지적 역량을 지니고 있기 때문에 가능한 현상입니다.

한 나라의 사상가란 국가의 안내자이자 국민의 길잡이라고 말할 수 있습니다.

지금 우리는 그 어느 때보다 훌륭한 사상가를 필요로 하는 시대에 살고 있으나 만나보기가 어렵고, 위험하고 수준 낮은 선동가들만 넘쳐나고 있습니다. 매우 우려되는 국가의 불행이 아닐 수 없습니다.

자유주의에 대항하는 평등주의

가치관에 대한 판단기준은 보편성(universality)입니다. 보편성이란 공간과 시간을 초월하여 모든 인간, 모든 사회, 모든 국가에 똑같이 적용되는 속성을 말합니다. 이 속성은 항상 진리와 함께 합니다.

이런 시각에서 보면 사상에는 좋은 사상도 있고 나쁜 사상도 있습니다. 좋은 사상은 보편성을 지닌 사상이고 나쁜 사상은 보편성과 거리가 먼 사상입니다.

이 기준에 따르면 좋은 사상은 자유민주주의(liberal democracy)와 자유자본주의(liberal capitalism)를 양대 축으로 하는 자유주의(liberalism)입니다. 반대로 나쁜 사상은 공산주의(communism)와 사회주의(socialism) 같은 평등주의와 파시즘(fascism), 배타적 인종주의(racialism)와 민족주의(nationalism) 같은 것들입니다.

평등주의는 나쁜 사상입니다. 평등주의를 나쁜 사상이라고 지칭하는 데 대해 의아해 할 독자들도 있을 것입니다. 정확히 말해 '평등'과 '평등주의'는 완전히 다릅니다. 자유와 평등, 기회의 평등이라고 할 때의 '평등'이란 중요한 가치이지만, '평등주의'란 전혀 다른 의미입니다. 쉽게 말해 '결과의 평등', 즉 10만큼 일한 사람이나 1만큼 일한 사람이나 다 같이 5를 받는다는 뜻이기 때문입니다.

대한민국은 건국 이래 자유주의 체제를 지향해 왔으며 자유주의 체제의 힘으로 '한강의 기적'을 만들어냈습니다.

그러나 지금 불행하게도 우리의 자유주의 체제가 평등주의로부터 심각한 위협을 받고 있습니다. 그 어느 때보다 보편성을 지닌 사상의 힘이 필요한 시기에 당연한 사상조차 외면당하거나 공격을 받고 있습니다.

정체를 알 수 없는 평등주의가 선동가들의 자가발전을 통하여 달콤하고 허구적인 미끼로 대중을 유혹하면서 자유주의 체제를 무너뜨리려 하고 있습니다.

평등주의(equalitarianism)는 집단주의(collectivism)를 본질로 하면서 사회정의(social justice)와 결과적 평등을 보편적 가치로 내세우는 사상입니다. 평등주의 국가 체제에서는 개인의 자유와 권리보다 집단적 의무와 사회정의, 즉 공공선(公共善)이 우선하며, 개인의 이익보다 집단의 이익과 결과로서의 평등을 절대시합니다.

평등주의 국가는 평등주의가 내세우는 보편적 가치 구현을 위하여 일반적으로 일당독재체제를 유지하면서 고도의 중앙계획과 통제에 의한 인위적 평등사회를 목표로 삼기 때문에 인민의 사상과 삶을 획일적으로 통제하는 전체주의(totalitarianism) 국가 형태를 취하게 됩니다.

따라서 인민은 가난의 평등 속에서 당과 국가의 노예로 전락하고, 개인의 자유경쟁은 사회정의를 무너뜨리는 사회악으로 간주되어 핍박과 단죄의 대상이 됩니다.

이것은 평등주의 체제가 인간 본능보다 이성에 의한 극단적이고도 급진적인 합리주의에 근거하여 당과 국가가 인간 개개인을 새로운 인간으로 개조할 수 있고 그들이 꿈꾸는 유토피아(utopia) 사회를 건설할 수 있다는 확신을 지니고 있기 때문입니다.

따라서 이들 사회는 철저히 획일적인 사회입니다. 프랑스 사상가 토크빌(Alexis de Tocqueville, 1805~1859)은 민주주의와 사회주의가 지닌 하나의 공통점인 평등에 대해 다음과 같이 말하였습니다.

"민주주의 사회에서 평등이란 자유에 있어서 평등을 추구하지만 사회주의 사회는 억압과 노예 상태의 평등을 요구한다."

극단적인 사례(事例)가 국가도 없고 계급도 없다는 공산주의 체제이고 이에 미치지 못하여 국가와 계급이 존재하는 것이 사회주의 체제입니다. 역사상 공산주의 체제는 존재해 본 바가 없고 사회주의 국가가 20세기를 장식하였으나 이미 몰락했거나 몰락과정에 있습니다. 평등주의의 맹주로 군림했던 구소련은 70여년 만에 몰락했고 북한은 몰락과정에 있습니다. 그들이 꿈꾸었던 공산주의 체제와 사회주의 체제는 20세기 평등주의자들의 우상숭배 체제였습니다.

평등주의 국가 체제에서는 당과 수령(최고 권력자)의 지시와 명령이 우선하기 때문에 인민은 법의 보호를 받을 수 없고 오직 당과 수령의 자비에 의존해야만 합니다. 평등주의의 바탕이 되는 집단주의는 개인을 국가에 예속된 수동적 존재로 간주하며 모든 것이 당과 국가의 이름으로 결정되고 실행하는 특징을 지닙니다.

대외적으로 평등주의 국가는 폐쇄적이고 글로벌화를 경계하거나 반대하면서 국가주의(statism)와 자립주의 노선을 취함으로써 고립을 면할 수 없게 됩니다. 지구상에서 가장 극단적인 예가 북한입니다. 일반적으로 평등주의자들이 글로벌화를 반대하는 것은 이것을 서구 자유주의 국가들에 의한 음모의 산물이라고 믿기 때문입니다.

우리는 평등주의 체제를 좌익체제라 하고, 평등주의 체제를 지지하고 옹호하는 개인과 집단을 좌익 또는 좌파(left)라고 하며, 체제가 아닌 평등주의 사상을 옹호하거나 지지하는 사람도 좌익 또는 좌파라고 합니다.

남한 내의 평등주의자, 즉 좌익 또는 좌파란 종북좌파, 친북좌파를 비롯하여 자유자본주의, 즉 자유시장경제를 반대하고, 경제민주화를 통한 경제 평등과 보편복지 실현을 추구하며 경쟁을 사회악으로 규정하면서 공동체주의 경제를 의미하는 사회적 경제를 주장하는 인사들과 집단은 물론, 반일·반미 민족주의 입장에서 서구 자본주의 국가들을 제국주의자로 적대시하고 주한미군을 점령군으로 인식하면서 철군을 주장하는 가운데 북한이 일관되게 추구하고 있는 민족해방 자주민족통일 노선을 따르는 인사들과 집단을 말합니다.

이들은 끊임없이 반(反)기업정서를 조장하거나 확산시키고, 노동자 이익을 앞세우면서 재벌 해체를 꿈꾸고 있으며, 친일·친미 정권이라는 구실로 대한민국의 정통성을 부정하고 친북·친중 노선을 선호하면서 자유주의 체제를 수호하고 옹호하는 세력들과 총성 없는 투쟁을 벌이고 있습니다. 이들이 구사하는 무기는 말과 글, 노래와 춤, 그림과 연극, 영화, 그리고 군중집회 같은 것들입니다.

이들의 투쟁은 건국 이래 지속되어 왔으며 통일이 이루어지기까지 멈추지 않을 것입니다. 이들의 투쟁 전선은 줄어드는 것이 아니라 오히려 확대되어 가고 있습니다.
 이들은 모든 수단, 방법을 총동원하여 어떠한 고난과 난관도 감내하면서 대한민국 자유주의 체제를 평등주의 체제로 변혁시키고 민족의 이름으로 통일을 달성하는 것을 궁극적 목표로 삼고 있습니다.

 자유주의란 일반적으로 인간의 존엄성(dignity)과 사랑(love), 자유(liberty)와 평등(equality), 정의(justice)와 평화(peace)를 보편적 가치로 삼고 개인주의(individualism)를 본질로 하는 사상을 말하며 인간의 본능을 매우 중요하게 생각합니다. 집단주의에 근거하는 평등주의 체제에서는 개인이 국가를 위해 존재하는 데 비해, 자유주의 체제에서는 국가가 개인을 위해 존재합니다.
 자유주의 국가 체제는 자유민주주의와 자유자본주의라는 운영원리에 입각하여 자유주의가 내포하고 있는 보편적 가치를 추구합니다. 자유자본주의를 통상 자유시장경제(liberal free-market economy)라고 합니다.
 자유주의 체제의 국가에서는 인간의 존엄성을 절대시하고 개인을 한결같이 존중하는 개인주의를 바탕으로 하면서 개인의 자유와 권리를 보장합니다. 만인이 법 앞에 평등하고, 만인이 평등한 기회를 부여받으며, 어떠한 개인도 신분의 차별을 받지 않는 가운데 자유와 평화와 안전을 누리면서 자신의 행복과 번영을 위해 노력하고 경쟁합니다.
 자유주의 국가 체제의 특징은 삶의 조건에 있어서 자연적 불평등을 전제로 하되 법 앞의 평등, 기회의 평등, 신분의 평등이 강조되고 인간이 태어날 때부터 본능적으로 지니고 있는 경쟁심과 성취 욕구를 존중하고 고무합니다.

그렇게 함으로써 개개인으로 하여금 인생의 목표를 달성할 수 있도록 조장하되 사회적 약자와 낙오자들을 소홀히 하지 않음으로써 정치사회적 윤리를 구현하고자 하며, 국민적 합의로 국가를 다스리고 사회적 다양성(diversity)과 다원성(plurality)을 당연시합니다.

자유주의의 바탕이 되는 개인주의란 개인이 삶의 주체이며 개인으로 인해 생겨나는 모든 것에 대해 개개인이 책임지는 것을 뜻합니다.

이것은 곧 개인의 존엄성과 독자성을 최고의 가치로 인정하기 때문입니다. 널리 알려진 영국의 유명한 사상가 밀(J. S. Mill, 1806~1873)은 개인주의를 다음과 같이 규정하였습니다.

"국가 사회는 개인들의 집합체인 만큼 개개인의 자유와 개별성의 신장 없이 사회 발전은 없다. 개별성을 파괴하는 것은 그것이 어떤 이름으로 불리든 간에 모두가 독재다. 다시 말하면, 신의 의지를 실현한다고 공언하거나 보편적 이성에 따른다고 하거나 간에 그것은 믿을 수 없는 독선이다. 타인의 권리와 이익을 침범하지 않는 범위 내에서 개인의 자유는 보장되어야 하고 다양한 생활방식도 보장되어야 한다."

따라서 자유주의 국가 체제가 순조롭게 유지·운영되려면 개인적 자유와 방종이 억제되고 법과 질서가 존중되는 가운데 개인 간의 공정한 경쟁과 노력에 대한 정당한 보상이 보장되어야만 합니다. 이것을 담보하는 것이 '법치(rule of law)'입니다. 법치는 자유주의 국가 체제 존립과 운영에 대한 성공과 실패를 가름하는 가장 으뜸가는 장치입니다.

  국제관계의 측면에서 자유주의 국가는 개방적이고 글로벌화를 수용하면서 국가 간의 상호 의존적 협력관계를 중시하는 국제주의(internationalism) 노선을 취하며 국제사회와 공동으로 평화와 안전, 그리고 번영을 추구합니다. 나아가 범세계 차원에서 인권과 질병을 다루고 지구 차원에서 기후와 환경 문제를 다루는 국제 노력에 동참합니다.

  우리는 자유주의 체제를 우익(右翼) 체제라 하고 자유주의 체제를 지지하고 옹호하는 개인과 집단을 우파(right)라고 하며, 체제가 아닌 자유주의 사상 자체를 옹호하거나 지지하는 사람도 우익 또는 우파라고 합니다.

  자유주의 체제가 미처 성숙되기도 전에 평등주의의 유혹이 거세지면 자유와 평등 모두를 상실할 수 있습니다. 자유의 확산과 더불어 평등의 욕구 역시 점증하는 것은 자연스러운 현상이지만 평등에 대한 욕구가 자유에 대한 욕구를 추월할 때 그 사회는 위험에 빠집니다.

  이것은 사상이 빈곤한 사회가 겪는 일반 현상으로서 지금 우리가 겪고 있는 시대 상황이기도 합니다. 그러나 우리는 이 사실을 가볍게 생각하거나 외면하고 있습니다.

  이러한 현상은 다양성과 다원성을 당연시하는 자유주의 사회에서 체제 사상과 반체제 사상을 구분하는 것은 잘못된 일이고 '색깔론'이라는 오해에서 비롯된 결과로서 매우 위험스러운 현상입니다. 자유주의 사회일수록 이 구분은 중요하고 이념적 분단국가에서 이것만큼 중요한 것도 없습니다.

  다양성과 다원성을 당연시하는 자유주의를 자유주의의 가

치를 거부하는 평등주의가 위협할 때 이것을 묵인하거나 용인하게 되면 자유주의 체제가 무너질 수 있습니다. 자유주의가 포용적인 데 반(反)해 평등주의는 적대적인 속성을 지니고 있기 때문입니다.

그러나 우리는 안이하고 느긋한 태도로 일관해 왔습니다. 이것을 가장 극명하게 보여주고 있는 것이 우리의 일상적인 삶에서 사용하고 있는 사상 표현입니다.

사상이 충돌하거나 이념 투쟁이 벌어지고 있는 사회에서는 나와 상대방의 사상 색깔, 사상 표현을 분명하게 해야만 문제를 해결할 수 있고 이겨낼 수 있습니다. 남한의 좌파는 분명하지만 자유주의 신봉자인 것처럼 위장하고 있기 때문에 잘 드러나지 않고 우파는 애매하기 때문에 좌파들에게 주도권을 빼앗겨 왔습니다.

이상하게도 우리 사회, 특히 정계, 언론계, 학계에서는 사상을 표현할 때 우파와 좌파라는 분명한 표현 대신 보수와 진보라는 애매한 표현을 쓰고 있습니다. 이것은 무지와 무관심의 결과입니다. 우파와 좌파가 사상적 표현이라면 보수와 진보는 정책 노선을 뜻합니다. 우파 안에도 정책에 따라 보수와 진보 또는 중도 노선을 따르는 인사들이 있고, 좌파 안에서도 같은 현상이 존재하게 마련입니다.

따라서 사상을 보수와 진보라고 표현하게 되면 사상의 구분이 불가능하거나 애매해져 버립니다. 이렇게 되면 사상 간의 경쟁이나 투쟁은 무의미한 것이 되고 일반 대중의 눈엔 단순한 견해 차이나 갈등으로 비쳐져서 사상에 대한 무감각 현상을 초래합니다.

미국처럼 자유주의 체제 일색으로 된 정치 환경에서는 보수(conservative), 진보(liberal)라는 표현을 써도 혼동이 없지만 유럽 국가들처럼 공산당, 사회당, 사민당과 같은 평등주의의 좌익 정당들이 혼재하는 정치 환경에서는 우파(right), 좌파(left), 중도(center)라는 표현을 쓰고 있습니다.

극단의 좌익 체제인 북한과 대치하고 있는 남한사회에서도 좌파 인사들과 좌파 세력들이 엄존하고 있기 때문에 유럽 국가들처럼 우파, 좌파, 중도라고 표현해야만 사상과 노선을 구분해서 이해할 수 있습니다.

그렇지 않고 지금처럼 보수, 진보라고 표현해 버리면 자신의 사상, 상대방의 사상을 정확히 구분할 수 없기 때문에 최대의 피해자는 자유주의 사상을 신봉하는 우파들이 되고 최대의 수혜자는 좌파들이 될 수밖에 없습니다. 일반 대중은 좌파들의 기만과 선동에 쉽게 넘어가 버리기 때문입니다.

결과적으로 자유주의와 평등주의의 구분이 애매해져버린 상태에서 평범한 일반 대중은 보수란 수구, 기득권, 독재, 부정부패, 친일·친미, 분단의 냄새를 풍기는 사상이고, 진보란 변혁, 평등과 정의, 민족과 통일, 친북·친중의 냄새를 풍기는 사상이라는 왜곡된 고정관념이 지배하고 있습니다.

자유주의와 평등주의의 비교

구분 내용	우익(right)사상, 개인주의 사상	좌익(left)사상, 집단주의 사상
종류	자유주의(liberalism)	평등주의(equalitarianism)
형태	자유민주주의 (liberal democracy) 자유자본주의 (liberal capitalism) 변형 케인즈주의 (Keynesianism, 혼합경제)	공산주의(communism) 사회주의(socialism) 변형 사민주의 (social democracy, 의회정치)
바탕	유신론(有神論) 기독교 사상	무신론(無神論) 유물론(唯物論) 사상
탄생배경	절대왕정 모순 (16세기 이후 이론 탄생)	자본주의 모순 (19세기 이후 이론 탄생)
가치와 본질	인간존엄성(본성 중시) 개인주의 (국가는 개인을 위해 존재) 다양성(다원사회) 정의 – 공평성 평등 – 법 앞의 평등, 기회 평등 사랑, 자유, 평화, 안전, 번영	인간의 사회적 책임성(이성 중시) 집단주의 (개인은 국가를 위해 존재) 획일성(계급사회) 정의 – 사회정의 평등 – 결과적 평등 계급성, 책임성, 사상성
정부형태	작은 정부 정부규모 최소화(조직, 규제) 개인의 자유 최대화 시장의 자유 최대화 규제완화, 감세, 생산적 복지 공직자 – 봉사자	큰 정부 정부규모 최대화(조직, 규제) 적극적 시장개입(시장부재) 개인자유 위축(개인자유 불허) 규제강화, 증세, 보편복지 (국가공급, 분배) 공직자 – 명령자
직업 창출자	자본가, 기업가	정부, 당
국민의 삶	자립형(인간존엄성 고양)	의존형(국가와 당의 노예화)
체제유지와 관리	법치(rule of law) (사법제도가 중요한 이유)	사상봉제(rule of ideology) (당이 중요한 이유)
예	미국, 영국	구소련, 북한, 쿠바, 중국

보수와 진보에 대한 오해

자유주의 체제, 즉 우익 체제인 대한민국에서 좌파가 우익 체제를 위협하는 현상은 사상 투쟁 현상입니다. 이것을 보수와 진보 진영 간의 경쟁쯤으로 가볍게 바라보는 것은 매우 잘못된 판단입니다.

사상 투쟁을 하고 있는 좌파들이 우파들로부터 비판을 받게 되면 한결 같은 어조로 "냉전이 끝난 지가 언제인데 또 색깔론을 들고 나와 안보(安保) 장사를 하자는 거냐?"라고 응수합니다. 이들에 비해 우파는 사상 투쟁이라는 개념 자체를 갖고 있지 않습니다. 오히려 이들 좌파들과 맞장구를 치는 경우도 적지 않습니다.

2017년 2월 24일자 중앙일보 사설 중 "두 보수 정당에선 변변한 대선 주자가 한 명도 없다. 진보 후보 한두 명이…"라는 부분 중 사상적인 의미를 갖는 단어는 없습니다.

자유한국당과 바른정당을 보수정당, 더불어민주당을 진보정당으로 표현하였으나 정확한 표현이라고 할 수 없습니다. 자유한국당은 얼치기 우파정당, 바른정당은 가짜 우파정당, 더불어민주당은 진짜 좌파정당이라고 해야만 정확한 표현이 될 수 있습니다.

"견제와 균형이 민주정치의 요체다. 보수와 진보의 양대 가치가 공존하고 이를 대변하는 두 세력 간의 건전한 경쟁으로 국가와 사회가 발전하는 게 바람직한 민주주의의 모습이다."

자유민주공화국 체제에서 견제와 균형이란 행정부, 입법부, 사법부 간의 견제와 균형을 말하는 것이지 보수와 진보 간의 견제와 균형을 말하는 것이 아닙니다. 이것은 마치 좌파 이론가들이 즐겨 쓰는 양날개론, 좌와 우가 균형을 맞추면서 국가 체제가 유지, 운영되어야 한다는 논리와 다를 바 없습니다.

보수에도 우파적 보수가 있고 좌파적 보수가 있으며, 진보에도 우파적 진보와 좌파적 진보가 있기 때문에 단순히 보수와 진보 세력이라고 표현하면 어떤 보수와 진보 세력인지 구분이 불가능합니다. 혼돈이 생겨나는 결정적 이유입니다.

보수정당들이 새로운 출발을 하려면 "책임과 헌신이라는 보수의 가치는 되살려야 한다."는 말 역시 틀린 표현입니다. 책임과 헌신이란 보수의 가치가 아니라 집단이나 조직에 몸담고 활동하는 모든 사람들의 행동윤리입니다. 더욱이 보수의 가치란 존재하지 않습니다. 보수와 진보 자체는 가치가 아니라 가치를 다루는 입장을 표현하는 단어입니다. 무엇에 대한 보수, 무엇에 대한 진보라는 의미로 사용되는 단어들입니다.

우리나라 3대 일간지의 하나로 자처하는 신문의 수준이 이렇다면 일반 대중의 수준은 더 말할 필요가 없습니다. 이러한 현상이 생겨난 것은 좌·우 사상은 물론 보수와 진보에 대한 학습과 이해가 부족한 탓이며, 특히 보수와 진보에 대한 오해와 혼돈이 심한 것은 지식인들의 부주의와 안이한 인식에서 비롯되었습니다.

자유주의자들인 우파가 사용하는 보수, 진보의 뜻과 평등주의자들인 좌파가 사용하는 보수, 진보의 뜻은 전혀 다릅니다.

일반적으로 우파는 전통과 관습을 존중하고 역사의 부정이나 단절은 있을 수 없다고 생각합니다. 또한 시간을 초월하고 공간을 초월하는 절대적 가치와 근본적인 것들이 있다고 믿기 때문에 개인의 삶에서나 국가체제 운영에서 이러한 것들을 기준으로 삼거나 지키고자 하는 보수적 성향이 강합니다. 따라서 우파는 점진적 변화와 발전을 추구하게 됩니다. 이런 이유 때문에 자유주의자들을 포괄적 의미에서 보수주의자(conservative)라고도 합니다.

보수주의(conservatism)에 관한 이론을 제공한 사상가는 18세기 영국의 에드먼드 버크(Edmund Burke, 1729~1797)였습니다. 여기서 우리는 인접국 일본과 한국이 사상 문제를 다루는 수준 차이를 확인해 볼 필요가 있습니다.

버크 사상을 대표하는 글은 그가 프랑스 혁명 직후에 집필하여 영국 사회에 경각심을 불러일으킨 『프랑스 혁명에 대한 성찰(Reflection on the Revolution in France)』이었습니다. 이 책은 미국 혁명과 일본 명치유신 건국에 직접 영향을 준 보수주의(conservatism) 사상의 고전입니다.

일본 명치유신 건국 당시 정치 사상가였던 가네코 겐타로(金子堅太郎)는 1881년에 이 책을 번역하여 건국 지도자들로 하여금 읽고 참고하도록 하였습니다.

보수니 진보니 하면서 뒤엉켜 있는 우리의 경우 2009년에 처음으로 번역이 출간되었으나 얼마나 많은 지도층 지식인들이 읽고 참고했는지는 가늠할 길이 없습니다. 일본인들은 철저히 모방하고 학습하여 자기 것으로 재창조해내는 반면, 한국인들은 건성건성 모방하고 모든 것을 다 알고 있는 것처럼 허풍을 떨다 보니 항상 허공에 매달려 있는 모습입니다. 서구 근대사상의 뿌리를 접함에 있어서 한국은 일본보다 120여 년 뒤쳐져 있다고 해도 과언이 아닙니다.

이에 반(反)해 좌파는 변혁(變革)을 위해서라면 전통과 관습의 거부는 물론 과거 역사에 대한 부정과 단절도 주저하지 않습니다. 모든 것은 시간과 공간에 따라 변할 수 있는 상대적인 것이며 오직 자신들이 추구하는 완전한 평등사회만이 절대적인 것이라는 신앙 차원의 신념을 지니고 있기 때문에 변혁적인 성향이 강합니다.

따라서 이들은 변혁주의자들입니다. 변혁은 혁명과 같은 의미를 지닙니다. 남한의 좌파들이 자유주의 체제 안에서 투쟁전략상 대중을 호도하기 위하여 자신들을 우파적인 진보주의자인 것처럼 리버럴(liberal)이라고 자칭하지만 사실은 변혁주의자로 호칭해야만 정확한 표현이 됩니다. 좌파들에게 변혁주의자는 혁명주의자와 동의어입니다.

변혁주의 이론을 제공한 사상적 조상은 칼 맑스(Karl Marx, 1818~1883)입니다. 그는 지구상에서 억압적이고 착취적인 자본주의 체제를 소멸하고 완벽한 평등주의 체제인 공산주의 체제를 건설하는 것, 이것을 위해 투쟁하는 행위를 진보적 삶이라고 규정하였습니다. 나아가 인류 역사가 그렇게 진행되는 것을 필연적 역사의 진보라고 단언하였습니다.

그러나 그의 예언적 단언과는 달리 그의 사상과 이론은 20세기 역사를 피로 얼룩지게 했을 뿐입니다. 북한에는 지금도 그 잔재가 남아 있고 남한의 좌파들은 허황하고 위험한 환상에서 벗어나지 못하고 있습니다. 남한 좌파들이 벌이고 있는 사상 투쟁은 그들로서는 역사의 진보를 위한 것이며 당대의 변혁을 위한 것이기 때문에 결코 포기할 수 없는 투쟁입니다. 이들이 건국 이래 대한민국 체제를 부정하고 이승만 정부의 정통성을 부정해 온 사실이 이를 상징적으로 뒷받침해주고 있습니다.

우파가 사용하는 보수란 자유주의 체제가 견지하고 있는 근본적인 것, 보편적 가치를 보존하고 지키는 것을 말하고, 진보란 변화와 발전을 추구함에 있어서 그러한 입장과 관련된 곁가지 부분들에 대해서는 필요에 따라, 시대환경에 맞게 해석을 달리하거나 수정을 가할 수 있다고 믿는 것을 말하지만 보편적 가치의 포기나 체제변혁은 철저히 거부합니다.

예컨대 동성(同性) 결혼 문제의 경우 전통적 관습에서는 있을 수 없는 것으로 간주되어 왔고 허용되지도 않았습니다. 이것은 전형적인 보수 노선입니다. 그러나 시대가 변하면서 국제사회에서 동성결혼을 허용하는 추세가 증가하고, 한국에서도 80년대 이후 남녀 동권주의(男女 同權主義, feminism) 바람이 불어 닥치면서 동성결혼을 찬성하는 사람들의 숫자가 늘어나고 사회 일각에서는 이를 용인하거나 수용하고 있습니다. 이들의 입장이 진보 노선입니다.

반면에 좌파들이 말하는 우파적 보수란 자신들이 추구하는 변혁적 체제 건설에 걸림돌이 되는 과거의 것들과 기존의 것들에 집착하면서 변혁을 거부하는 퇴행적 수구를 뜻하기 때문에 이들에게 우파적 보수 노선을 취하는 사람들은 동반자가 아닌 척결과 청산의 대상이 됩니다.

남한사회 좌파들이 말하는 진보란 그처럼 걸림돌이 되는 것을 거부하고 제거하면서 새로운 체제 건설을 위해 변혁을 추구할 때 사용하는 현실 부정적 언어입니다.

좌파들이 지속적으로, 집요하게 추구하고 있는 국가보안법 폐지 투쟁이 대표적 예라고 할 수 있습니다. 우파들에게 국가보안법은 자유평화 통일을 달성할 때까지 반드시 지켜야만 하는 법이지만 좌파들 입장에서는 평등주의 사회 건설을 위해 기필코 없애야만 하는 걸림돌이자 악법입니다. 이들에게 국가보안법 폐지 투쟁은 전형적인 진보적 노선 투쟁을 의미합니다. 좌파가 국가보안법 폐지를 반대하는 우파를 향해 수구보수꼴통이라고 욕하는 이유입니다.

우파 입장에서 보는 남한의 좌파들은 결코 자유주의적, 우파적 의미를 지닌 진보주의자들(liberals)이 아니라 자유주의 체제를 평등주의 체제로 변혁시키려는 급진적 변혁주의자들(radical progressives 또는 radical revolutionaries)입니다. 이런 점에서 이들에겐 진보란 없고 오직 좌파적 보수만 있습니다. 좌파적 보수란 평등주의 사상을 고수하면서 자유주의 체제를 거부할 뿐 아니라 무너뜨리고자 하는 이른바 좌파적 교조주의(fundamentalism)를 뜻합니다. 이것의 본질은 오직 급진성과 변혁성입니다.

좌파들의 위장과 기만이 가능하게 된 것은 1960년대 이후 80년대에 이르는 기간 동안 우파세력, 흔히 말하는 민주화세력과 통일전선을 형성하면서 반독재 민주화 투쟁을 함께 함으로써 '민주투사'라는 멋진 위장복을 입을 수 있게 되었고, 1990년대 이래 10년간 집권세력이 되면서 합법적으로 정치 무대 전면에 등장할 수 있었기 때문입니다.

이 과정에서 좌우 구분이 희미하게 되고 모두가 반독재 민주화 세력으로 둔갑하였습니다. 그러나 근본적으로 달라진 것은 없습니다. 오히려 수면 아래에서는 변혁 에너지와 투쟁 역량 축적을 위한 노력이 치열해지고 있습니다. 좌파들은 지난 반세기에 걸친 투쟁을 통하여 지하, 불법세력에서 합법세력이 되었고, 지금은 대한민국 자유주의 체제를 위협하는 체제변혁 세력으로 성장하였습니다.

이것은 세계사적 흐름을 역류하는 역진(逆進) 현상입니다. 2016년 10월 이래 벌어지고 있는 촛불시위와 탄핵 정국 현장에서 이들의 광기가 휩쓸고 갔습니다.

이러한 상황에서 자해 행위임을 알지 못하는 어리석은 일부 우파 정치인들과 언론들이 가세하여 좌파 정치인들의 손에 놀아나고 있는 것은 이들이 한때의 개인적 이익과 체제 가치의 문제를 구분하지 못한 데서 비롯된 것입니다.

우리 사회에서 절대적 영향을 주고 있는 정치인, 언론인, 지식인들이 급진 좌파 변혁주의자들을 우파 진보주의자들과 동일시하거나 유사한 것으로 생각하는 것은 치명적인 실수입니다.

우파와 좌파에 대한 빈약한 이해와 더불어 보수와 진보에 대한 오해로 인해 정치사회적 혼란을 야기하고 있는 지적 풍토가 우리로 하여금 불필요한 국가적 낭비와 국민적 희생을 강요하고 자유평화 통일을 방해하고 있습니다.

우파 지식인들은 자신들에게 보수라고 하는 옷이 입혀지는 것을 꺼림칙하게 여기면서 색깔이 불분명한 진보라고 하는 옷을 입고 싶어 하는 유혹에 사로잡혀 있기 때문에 애매하고 회피적이며 타협적인 태도를 취하는 데 비해, 좌파 지식인들은 자신들에 관한 한 보수란 해당되지 않는 단어이고 오직 자유주의적 진보(liberal)인 것처럼 위장하면서 대립적이고 투쟁적인 태도를 취하고 있습니다.

우익 사회인 자유주의 체제의 사회에서 우파가 수세에 몰리고 평등주의를 신봉하는 좌파가 공세를 취하고 있는 현상은 오늘날 남한사회에서 벌어지고 있는 21세기 최대의 역설(逆說)입니다. 우파 지식인들이 무력감에 빠지거나 심지어 좌파들에게 동조까지 하는 상황에서 좌파 지식인들은 기세등등하고, 때만 되면 대선 캠프로 떼를 지어 몰려가는 기이한 현상이 벌어지고 있습니다.

인류 보편의 가치에 기반을 두는 자유주의 체제 확산이라는 역사발전 추세가 잘못된 것이 아니라면 그들의 실패는 예약되어 있는 것과 마찬가지지만 그때까지 치러야 할 대가가 너무나 크지 않을까 하는 우려를 금할 수 없습니다.

가장 상징적인 현장이 대학 캠퍼스입니다.

한국에서 제일 잘난 대학교로 자타가 인정하는 서울대학교에서 가르치고 있는 서양사학과 박지향 교수가 최근 일간지와 가진 대담에서 "왜 한국에 젊은 보수 지도자가 보이지 않나?"라는 질문을 받고 대답한 내용은 짐작하고 있었음에도 참으로 충격적입니다.

"대학의 풍토 때문이라고 생각한다. 서양의 대학에는 좌파 단체만이 아니라 우파 단체들도 존재하고 활발히 활동한다. 우리 대학 분위기는 우파를 죄악시한다. 우파 학생들은 감히 발언을 못하고 조직화는 엄두도 못 낸다. 이런 풍토가 사라지려면 더 오랜 시간이 필요하다."

이와 같은 현상은 사회 전반의 분위기 때문이기도 하지만 지식인으로 자처하는 교수들의 책임이 가장 크다고 할 수 있습니다. 박지향 교수가 말한 것이 사실이라면 극단적으로 말해서 서울대학교는 좌파 교수들이 지배하고 있는 대학교라고 해도 지나친 말은 아닐 것입니다.

학생들이 20세기를 통하여 우파 사상이 승리했고 좌파 사상이 패배했다는 역사적 사실을 외면하고 한국 최고 대학교 학생이라는 우월감에 더하여 획일적 좌파 사상에 경도된 지성인이 되어 사회로 진출하여 다음 세대의 주역이 된다고 생각하면 끔찍합니다.

최근에 그동안 시비가 되어 왔던 좌편향 역사교과서 문제를 바로잡기 위해 정부가 새 역사교과서 채택과 관련하여 전국 5,566개 중·고등학교를 대상으로 연구학교 지정 신청을 받고자 하였으나 딱 한 곳만 이름을 올렸다는 사실을 다시 떠올리게 됩니다.

자유주의 체제의 사회에서 그것이 무엇이든, 어떤 것이든 선택권이 개인에게 있음에도 불구하고 좌파정당, 좌파 교육감, 전교조, 심지어 교육과 관계가 없는 민노총까지 가세하여 조직적이고 위협적인 압력을 가했기 때문에 생긴 일입니다.

이러한 행태는 좌파들이 인정하는 것 외에 우파가 제시하는 다른 어떤 대안도 거부 대상이 되어야만 한다는 집단적 획일주의의 모습이며, 1930년대 히틀러 치하의 독일과 무솔리니 치하의 이태리에서 횡행했던 파시스트적 독재 현상을 **빼닮은** 모습이라고 할 수 있습니다.

서울대학교의 지적 풍토와 역사교과서와 관련된 연구학교 지정 과정을 둘러싸고 발생한 현상 간에는 본질적 차이가 없습니다. 이는 사상 투쟁에서 우파가 좌파에게 밀려나고 있다는 명백한 증거이며, 우파에겐 자업자득이고 좌파에겐 쾌거임을 뜻합니다.

일반적으로 전체주의(totalitarianism) 체제란 단순한 독재체제가 아니라 개개인의 일상적 삶에서 사상을 통제하는 구(舊)소련 제국과 지금의 북한 같은 체제를 말합니다. 소설『1984년』으로 널리 알려진 조지 오웰(George Orwell, 1903~1950)은 사상 통제의 최고 수단은 언어 통제라고 하였습니다. 남한사회 우파들은 사상 관련 언어를 좌파들에게 내주었습니다. 언어의 주도권을 내주게 되면 사상 투쟁에서 패배하는 것은 시간문제가 될 수 있습니다.

우파와 좌파의 충돌

오늘날 인류는 지구행성시대(planet era), 글로벌 시대(global era)를 지향하고 있으나 우리의 경우 이념적으로 '분단 시대,' 사상적으로 '빈곤 시대'에 머물고 있습니다.

해방을 기점으로 현대사를 시기별로 나눠보면 건국 시기, 근대화 시기, 현재로 구분할 수 있습니다. 건국 시기에 해당하는 1945년~1959년 기간은 해방과 분단, 건국과 전쟁, 빈곤이 그 시대의 특징이었습니다. 근대화 시기인 1960년 ~2000년 기간은 혁명, 산업화와 빈곤 탈출, 민주화, '88 국제올림픽'이라는 성취가 있었으나 2000년 이후 지금은 가치 혼란과 사상적 빈곤으로 인해 갈등과 충돌이 만연하고 갖가지 모순들이 쌓여가는 시기입니다.

마치 1945년 해방 직후 건국을 전후하여 겪어야 했던 좌우 격돌의 시대가 되돌아온 듯 투쟁적인 평등주의가 평화적인 자유주의를 심하게 위협하고 있습니다. 그 당시 좌파들의 투쟁 양상이 폭력과 파괴, 살인을 수반한 것이었다면 지금은 대중을 선동하여 민주와 자유, 정의와 평등이라는 깃발 아래 민주적 절차를 무시하고 법치를 무력화시키면서 투쟁하는 모습을 보이고 있습니다.

우리 대한민국은 건국 첫날부터 자유주의 체제로 출범하였습니다.

그러나 사상적 측면에서 보면 건국 시기에는 준비가 없었고, 근대화 시기에는 가르침과 배움이 부족했으며, 지금은 그나마 우리가 지녀온 자유주의에 대한 막연한 믿음마저 심각한 위협을 받고 있습니다.

빈곤으로부터 출발하여 모방을 거치면서 빈곤 탈출에는 성공했으나 물질적 빈곤이라는 어둡고 긴 터널을 벗어나자 사상의 빈곤이라는 두텁고 높은 장벽이 마치 궁극의 장벽처럼 우리 앞을 가로막고 있어 더 이상 나아가지 못하고 있는 것이 우리의 처지입니다.

이것은 물질적인 한강의 기적이 가져다준 지불 대가인지도 모릅니다. 그런데 문제는 우리가 여전히 이러한 현실을 정확하게 인식하지 못하고 있다는 사실입니다. 반공(反共)과 친공(親共)에는 익숙했으나 보편적인 사상의 필요성과 중요성에 대해서는 생각도 부족했고 가르침도, 배움도 부족했습니다.

남한에서 반공이란 자유통일을 궁극의 목표로 하는 자유주의 체제 수호자들이 북한의 평등주의 체제인 사회주의 체제를 반대하는 것이므로 단순한 반북(反北)이 될 수 없으며, 이러한 반공은 북한의 사회주의 체제 아래서 억압받고 고통 받는 동족을 구원하기 위한 것이므로 결코 반민족(反民族)이 될 수 없습니다.

반공(反共)은 좌파들이 흔히 말하는 보수꼴통들의 도그마(dogma)적 구호가 아니라 노예 상태에서 신음하고 있는 북한 인민들을 야만적 평등주의 체제, 사이비 사회주의 체제로부터 해방시키기 위한 대한민국 국민들의 위대한 사상 투쟁을 의미합니다.

남한의 좌파들이 반공은 냉전시대 유물이자 남북 화해와 통일을 해치는 장애물이라고 하지만 한반도에서의 냉전(冷戰)은 여전히 진행 중이며 핵으로 무장한 북한의 군사적 위협이 열전(熱戰)의 우려를 낳고 있는 것이 국제사회가 인정하고 있는 엄혹한 현실입니다.

자유주의가 지닌 보편적 원리와 가치를 알고 반공(反共)하는 것과 이것을 모르고 반공하는 것의 차이는 매우 큽니다. 알고 나서 반공을 하게 되면 보편적 가치를 위한 투쟁이 되지만, 모르고서 반공을 하게 되면 맹목적 도그마에 빠질 가능성이 높아집니다.

맹목적 도그마로서 반공은 결과적으로 대중, 특히 젊은이들로 하여금 사상적 알레르기 반응을 일으키게 하고 비판세력으로부터 보수꼴통, 수구꼴통이라는 비난을 피할 수 없게 만듭니다. 이들은 반공(反共)은 반북(反北)이고, 반북(反北)은 반민족(反民族)이며, 반민족(反民族)이 분단의 원인이라는, 그래서 이승만 정부, 대한민국 정부는 출발부터 민족적 정통성이 없다는 단순 논리에 집착하게 됩니다.

오늘날 남한 체제를 수호하고 있는 자유주의자들인 우파가 평등주의자들인 좌파로부터 수구꼴통, 보수꼴통이라는 오명을 뒤집어쓰고 있는 것은 우파들의 자업자득이라고 해도 할 말이 없습니다.

남한의 우파들은 자신들이 수호하고자 하는 자유주의의 본질과 보편적 가치에 대한 수준 높은 이론 제공과 대중에 대한 교육에 태만했고, 국가보안법이라는 방패막이 뒤에서 평등주의자들의 이론과 투쟁 논리가 지닌 모순과 파괴성에 대한 폭로와 비판에 소홀하였습니다.

반대로 좌파들의 자유주의 체제에 대한 비판과 공격은 집요하고 치열하였으며, 자유주의자들인 것처럼 진보의 가면을 쓰고 민주와 민족, 자주와 평화와 통일이라는 중독성과 최면성이 강한 구호를 앞세우고 정치, 사회, 경제, 안보 환경의 변화 기류에 편승하면서 투쟁 강도를 높여왔습니다.

이들은 지난날 두 번에 걸쳐 10년을 집권했고 2017년 대선에서 승리하였습니다. 이들의 목적은 단순히 대통령 선거에서 승리하여 집권하는 것에 머물지 않고 권력 장악으로 대한민국의 자유주의 체제를 그들이 바라는 평등주의 체제로 변혁시키면서, 주한미군 철수를 유도하고 6.15 선언에 입각하여 북한과 손을 잡는 자주민족통일의 달성을 도모하려는 데 있음을 경계하지 않으면 안 됩니다.

사상은 문화와 문명의 근본이다

사상이 없는 인간은 영혼이 없는 인간과 같습니다. 영혼이 없는 인간은 비천한 인간입니다. 사상이 없었다면 인류는 여전히 야만시대를 벗어나지 못했을 뿐만 아니라 문화(文化, culture)와 문명(文明, civilization)도 이루어내지 못했을 것입니다. 사상이 이론(theory)을 낳고, 이론이 제도(institution)를 낳고, 제도가 문화와 문명을 만들어내기 때문입니다.

사상은 인간을 움직이고 세상을 변화시키는 원초적 힘을 지니고 있습니다. 마력과도 같은 힘을 발휘하는 것이 사상입니다. 현실적으로 사상의 중요성을 모르거나 소홀히 하게 되면 요란한 색깔로 포장된 가짜와 가면을 쓴 선동가들이 사회를 지배하고 우리의 삶을 좌우하면서 힘겹게 성취한 것들을 쉽게 망가뜨리거나 허물어뜨릴 수 있습니다.

근대국가란 근대 사상과 이론이 만들어낸 제도적 결정체이고, 국가의 존재로 인해 한 국가의 문화가 생겨나고 발전하였으며, 수많은 국가들의 문화가 상호작용을 함으로써 지역적 특성을 갖는 문명이 생겨나고 발전하였습니다.

따라서 인류 차원의 보편적 가치에 근거하는 사상 위에 세워진 국가는 끈질긴 생명력을 지니고 발전한 반면, 그러한 보편적 가치에 반(反)하는 사상 위에 세워진 국가는 단명하고 몰락하였습니다. 전자가 자유주의 사상이고 후자가 평등주의 사상, 즉 공산주의와 사회주의 사상과 파시즘이었습니다.

20세기는 자유주의 체제가 공산주의 체제와 사회주의 체제, 그리고 파시즘 체제와의 경쟁과 투쟁에서 승리한 시기였습니다.

대한민국은 승자의 편에 서 있고 북한은 패자의 편에 서 있습니다. 그럼에도 불구하고 남한사회에서는 북한 편을 들고 있는 좌파들이 기세를 올리고 있는 기묘한 현상이 벌어지고 있습니다. 이것은 우파들이 이익 중심적이고 기회주의적이며 분열적인 데 비해 좌파들은 사상 중심적이고 목표 지향적이며 전투적인 특성을 지니고 있는 데서 비롯된 현상입니다.

사상의 힘

　사상의 중요성과 사상의 힘을 보여주는 역사적 사례는 수없이 많습니다. 인류 역사의 발전은 사상을 따로 떼어놓고 설명할 수 없습니다. 학문적으로 말한다면 모세, 붓다, 공자, 예수, 마호메트는 사상가들이자 인류의 위대한 교사들이었습니다. 이들 사상과 가르침의 공통점은 종족과 민족, 지역과 국가를 초월하고 시간을 초월하는 보편 가치(universal values)를 지니고 있었다는 점입니다.

　보편 가치는 시간을 초월한 가치(timeless values), 공간을 초월한 가치(spaceless values)라고도 합니다. 이들이 전 인류를 향해 전파하고자 했던 메시지는 인간의 존엄성, 겸손과 믿음, 자비와 사랑, 정의와 평화였습니다.

　기독교 사상이 서구문화와 문명을 만들어냈으며, 마호메트 사상이 중동 이슬람 문화와 문명을 만들어냈고, 붓다 사상이 아시아 불교문화와 문명을 만들어냈고, 공자 사상이 중국의 유교문화와 문명을 만들어냈습니다.

　현재의 중국 공산당 지도부는 중화민족주의를 고무하기 위하여 공자사상을 강조하고 세계 곳곳에 공자학당을 세우고 있습니다. 조선왕조는 공자사상의 세례를 받았고 대한민국은 서구 근대 사상의 세례를 받았습니다.

　사상은 개인의 삶과 한 나라의 역사를 바꾸고 세상을 변화시키는 힘을 지니고 있습니다. 사상의 힘이 얼마나 위대했던가를 보여주는 대표적인 예는 서구 근대화입니다. 인류 역사 발전 과정에서 가장 획기적인 사건은 근대 사상에 입각한 근대국가의 출현이었습니다.

이것을 역사 교과서에서는 '근대화'라 하고, 서구에서 비롯되었기 때문에 근대화란 서구화를 의미하게 되었으며, 오늘날 대한민국 역시 그 연장선상에 있습니다.

근대화(modernization)란 16세기로부터 19세기에 이르기까지 인간이 이성적 합리주의(rationalism)에 입각하여 절대왕정 체제를 타도하면서 주권재민(主權在民)의 입헌민주공화국 체제를 건설하고 재산권 보호와 자유시장경제를 운영하는 가운데 통상을 확대하고 산업혁명을 일으키면서 국가와 개인이 획기적으로 부를 창출하게 된 것을 말합니다.

근대화의 원동력은 자유주의 사상에서 나왔습니다. 자유주의 체제가 태동한 최초의 유럽 국가는 16세기 네덜란드였으나 유럽에서의 선도적 맹장은 17세기 영국이었습니다. 사상가이자 정치가인 존 로크(John Locke, 1632~1704)의 정치 자유주의 사상이 명예혁명(1688)에 지대한 영향을 미쳤고 애덤 스미스(Adam Smith, 1723~1790)의 경제 자유주의 사상이 시장경제를 근간으로 하는 서구 자본주의를 탄생시키 는데 심대한 영향을 끼쳤습니다.

프랑스 혁명(1789)은 당대의 계몽주의 사상가들과 자유주의 사상가들의 영향을 받았으나 결정적인 영향을 끼친 것은 루소(J. J. Rousseau, 1712~1778)의 평등주의 사상이었습니다.

그러나 프랑스 혁명이 급진적이며 폭력적인 양상을 띠면서 전통과 관습이 거부되고 과거-현재-미래를 잇는 연결고리가 단절되는 것을 우려한 영국의 버크(Edmund Burke, 1729~1797)가 프랑스 혁명의 위험성을 경고하고 혁명의 실패를 예고하면서 전통과 관습에 뿌리를 두고 있는 영국의 입헌군주공화국 체제를 옹호함으로써 미국혁명(1790, 헌법 발효 기준)의 본보기가 되고 19세기 일본 명치유신 건국에 참고가 되었습니다.

영국 식민지였던 미국의 혁명은 징세(徵稅)에 반대하는 식민지 투쟁으로 시작했으나 독립전쟁으로 발전하고 혁명으로 마무리되었습니다. 미국 독립전쟁 초기에 영감을 불어넣었던 토마스 페인(Thomas Paine)이 전통과 관습을 거부하고 영국의 입헌군주제도 폐지를 주장하는 등 급진적인 입장을 취함으로써 미국 건국 지도자들과 소원해진 반면, 급진적이고 폭력적인 프랑스 혁명의 위험성을 알리고 식민지 미국의 독립을 열렬히 지지했던 버크의 사상과 이론이 미국 건국조상들에게 결정적인 영향을 미쳤기 때문에 미국혁명을 버크적 혁명(Burkean revolution), 미국 헌법을 버크적 헌법(Burkean constitution)이라고도 합니다.

버크가 전통과 관습을 중시하고 영국의 입헌군주공화국 체제를 옹호하면서 급진적이고 폭력적인 프랑스 혁명을 비판했다는 사실을 근거로 서구의 사상사(思想史)에서 그는 보수주의(conservatism)의 원조가 되었습니다. 그러나 그 자신은 휘그(Whig) 당원으로서 자유주의자였을 뿐 보수주의자로 자처한 바가 없었습니다.

보수주의라는 용어는 프랑스 혁명 후 프랑스 왕당파들이

왕정 복귀 노력을 하는 과정에서 왕당파 이론가들이 만들어 낸 것으로 그 대표적 모델이 전통과 관습, 즉 국가와 민족의 뿌리를 중시한 버크였습니다.

오늘날 미국의 정치 사회에서 사용되는 보수주의자(conservative)라는 의미는 버크와 밀접하게 관련되어 있습니다. 여기서 우리가 조심해야 할 점은 전통과 관습을 중시하는 것을 두고 수구(守舊)라고 하는 것은 논리적 왜곡이라는 점입니다. 전통과 관습은 우리가 딛고 서 있는 토대이며 우리 문화의 뿌리이므로 퇴행적 과거 집착을 의미하는 수구와는 전혀 다른 의미를 지니고 있습니다.

아시아에서 근대화의 선두주자는 일본이었고, 중국은 1911년 민주혁명으로 청조(淸朝)를 무너뜨렸으나 맑시즘(Marxism) 신봉주의자들의 투쟁으로 사회주의 국가를 건설하였습니다. 신생독립국으로 출범한 대한민국은 미군정 하에서 미국식 정치사상과 이론을 본받아 자유주의 체제로 출범한 국가가 되고 우여곡절을 거치면서 성공한 근대국가 모습을 지니게 되었으나 마무리되었다고는 볼 수 없습니다.

남한에서의 자유주의 체제가 성숙되고 자유통일이 이루어져 한반도 전체가 자유의 깃발 아래 풍요롭고 평화로운 세상이 되었을 때 비로소 마무리되었다고 할 수 있습니다.

서구 근대 사상, 근대국가 출현의 모태는 기독교 문화입니다. 신앙적 차원이 아닌 학문적 차원에서 기독교 문화의 생명력과 힘을 이해하게 되면 보편적 사상과 이론의 힘을 좀 더 깊이 인식할 수 있게 됩니다.

고대 로마제국에서 기독교를 국교로 용인하기 이전까지는

우상숭배(paganism)가 국가 종교였습니다. 로마제국의 문화와 서구문화의 고향이라고 할 수 있는 고대 희랍은 우상숭배가 지배하였습니다. 서로마제국이 야만족에게 멸망당한 직후인 6세기 초만 해도 로마에는 4,000여 개의 각종 동상들이 있었는데 그 대부분이 우상숭배와 관련된 것이었습니다.

그처럼 견고했던 우상숭배 시대에 로마가톨릭교회(Catholic Church)가 우상숭배를 몰아내고 확고한 뿌리를 내릴 수 있었던 것은 우상숭배가 사상적·이론적 토대가 빈약했던 데 비해 가톨릭교회는 보편 사상에 바탕을 둔 이론과 제도가 정교하고 단단했기 때문입니다.

우상숭배는 사람에 따라 다르고, 장소에 따라 다르고, 시대에 따라 변모했으나 로마가톨릭 교리는 모든 사람, 모든 장소에서 똑같이 적용되었으며 시대가 아무리 변해도 달라지지 않았습니다. 이것은 우상숭배가 보편성을 결여하고 있었던 반면 로마가톨릭교회는 보편성 위에 서있었음을 뜻합니다.

이것은 마치 20세기 자유주의 체제가 사회주의 체제를 몰아낸 것과 흡사합니다. 자유주의 체제가 인류 보편의 가치를 추구한 반면 사회주의 체제는 실현 불가능한 유토피아(utopia)라는 우상을 숭배했기 때문입니다.

예수(Jesus)는 사상과 말은 남겼으나 글은 남기지 않았고 그를 따랐던 사도들 대부분은 어부들이거나 학문적 배경이 미약했고 그를 추종했던 절대 다수 유대인들은 소외된 계층 사람들이었기 때문에 처음부터 정리된 단일 교회, 단일 성경이 존재할 수 없었습니다.

따라서 예수 사후 교리를 둘러싼 논쟁은 피할 수 없었습니다. 예수의 신성(神性)을 부인하는 단성론자(單性論者), 예수의 신성을 인정하는 삼위일체론자(三位一體論者), 원죄를 부인하고 유아세례를 거부했던 자, 신비적 교파(그노시스주의, gnoticism), 지역적 특성을 갖는 교파들 간에 벌어진 대립은 생사를 건 투쟁 그 자체였습니다.

예수 사후 360여 년이 지나고 나서야 그의 사상을 이론화한 교리를 둘러싼 논쟁과 대립이 대충 마무리되고 하나의 성경(Bible)이 만들어졌으나 논쟁과 시비는 계속되었습니다. 우리는 여기서 기독교 사상과 교리가 인간으로 하여금 얼마나 집요하게 만들고 때로는 사납고 난폭하게 만들었던가 하는 역사적 경험을 접하게 됩니다.

마찬가지로 인류 차원의 보편성을 지닌 하나의 사상이 생겨나고 이 사상에 근거하여 하나의 국가가 탄생하고 발전하기까지는 긴 세월에 걸친 노력과 투쟁이 불가피함을 쉽게 알 수 있습니다. 하나의 성경이 만들어졌다는 것은 교리의 통일을 의미하지만 이것만으로 힘과 생명력을 발휘하는 것은 아닙니다. 그것이 내포하고 있는 사상이 공간과 시간을 초월하는 전 인류 차원의 보편성을 지녔기 때문에 가능하였습니다.

기독교가 내부의 대립과 외부와의 투쟁이라는 내우외환(內憂外患)을 이겨내고 로마제국의 국가 종교가 되기까지 긴 세월 동안 교리 해석은 점차 정교해졌고, 이론 정립은 더욱 단단해졌습니다. 인간의 존엄성(dignity), 믿음(faith)과 은총(grace), 사랑(love)과 평화(peace)라는 기독교 사상은 종족과 민족, 지역, 사회적·정치적 경계를 뛰어넘어 전 인류를 대상으로 한 보편 가치였습니다.

성경으로 무장한 가톨릭교회는 잘 갖추어진 조직과 관리 체계의 힘을 빌려 국가와 더불어 전진했고 그들의 사상은 이태리, 영국, 골(Gaul-갈리아, 고대 켈트족의 땅, 이태리 북부, 프랑스, 벨기에, 네덜란드, 스위스, 독일을 포함한 로마 속령), 북아프리카로 퍼져나갔습니다.

그들은 가는 곳마다 야만 상태에서 관습과 전통에 의존해 살던 그곳 사람들에게 기독교 사상을 바탕으로 한 성문법을 만들어 주었고, 그들의 역사를 정리·기록해주었으며, 공동체 운영에 필요한 각종 제도와 기구를 만들어주었고, 농업을 비롯하여 삶에 필요한 가르침을 나누어주었습니다.

특히 노동의 가치와 신성함을 일깨워 주었고 성직자들과 수도사들이 솔선수범하였습니다. 가톨릭교회 역사상 위대했던 교부(敎父) 그레고리 1세(Gregory the Great, 540~604) 때 강조되었던 "게으름은 영혼의 적이다(Idleness is the enemy of the soul)."라는 규칙은 먼 훗날 자본주의 윤리로 자리매김을 하게 됩니다.

800년 샤를마뉴 대제(Charlemagne, 742~814)를 정점으로 하는 신성로마제국은 구(舊) 서로마제국과 유럽 대륙 대부분이 편입된 기독교 제국이었고, 동로마 제국과 더불어 유럽이 근대국가로 분화할 때까지 정치, 경제, 사회, 문화, 군사에 이르기까지 직·간접으로 지대한 영향을 미쳤기 때문에 서구문화를 유대-크리스천 문화(Judo-Christian culture)라 하고 서구문명을 유대-크리스천 문명(Judo-Christian civilization)이라고 말합니다. 기독교의 뿌리가 유대교(Judaism)이기 때문에 서구인들은 항상 '유대-크리스천'이라는 용어를 사용합니다.

2001년 미국의 부시(Bush) 대통령과 영국의 블레어(Blair) 총리가 손을 맞잡고 아프가니스탄을 침공하고 이슬람 테러에 맞서면서 내세웠던 명분은 '유대-크리스천 문명의 가치 수호'였습니다. 중세 암흑기를 거쳐 근대에 이르기까지 로마가톨릭교회가 끔찍한 죄악과 오류를 범했음에도 불구하고 여전히 건재하고 있는 것은 교리를 지키고 조직과 제도를 존중하면서 거듭 태어났기 때문입니다. 오늘날 바티칸(Vatican)은 아주 작지만 지구상에서 정보가 가장 많은 곳이고 국제사회에 말씀의 힘으로 막강한 영향력을 미치고 있습니다.

서구 근대국가의 탄생은 서구 기독교 문화의 산물임을 아무도 부인하지 못합니다. 기독교 문화의 배경을 지닌 현대 서구국가들의 헌법에는 "모든 인민은 법 앞에 평등하다(equality before the law)."고 명기되어 있는데 이것은 "인간은 평등하게 태어났고 하느님 앞에서 모두가 평등하다."는 기독교 사상을 세속적으로 바꿔놓은 표현입니다. 우리 헌법에도 같은 표현이 있습니다.

근대국가의 출현 이래 사상사적으로 보면 기독교 사상 못지않게 강하고 끈질긴 생명력을 지닌 사상이 자유주의 사상입니다. 자유주의 사상이 기독교 사상과 떼어놓고 생각할 수 없는 사상인 이유는 보편 가치를 공유하고 있기 때문입니다. 자유주의 사상은 어쩌면 인류가 누릴 수 있는 최후의 축복인지도 모릅니다. 자유주의 사상은 부침(浮沈)과 부활(復活)을 거듭하면서 여전히 승리의 길로 나아가고 있습니다.

둘째 마디
미국 역사에서 본다

미국이라는 나라

저는 개인적으로 1980년대 미국의 수도 워싱턴D.C.에 있는 헤리티지 재단(The Heritage Foundation)에서 체류했던 5년 동안 미국이라는 나라의 사상이 드러나는 현장을 눈으로 목격하고 깊은 인상을 받았습니다.

미국은 식민지 시대 영국에 맞서 독립전쟁을 했고 남북전쟁을 치렀으나 미국의 승리와 북군의 승리를 기념하거나 전쟁의 비극을 상징하는 어떤 조형물도 보지 못했습니다. 일본의 진주만 기습을 상기하자는 기념관 같은 것도 볼 수 없었습니다.

다만 미국 민주주의 심장부라고 할 수 있는 국회의사당인 Capital Hill, 꼭대기를 장식하고 있는 크고 둥근 돔(dome)이 영원히 분열 없는 미합중국(Union)을 상징하고 있었습니다. 이 돔은 남북전쟁 중이었던 1863년 링컨 대통령의 착상과 지시로 만들어진 기념비적인 건축물이라는 사실을 그때 알게 되었습니다.

세계 제2차 대전을 승리로 이끈 최대의 기여자는 미국이었습니다. 그러나 해마다 기념하는 승전국들의 전승기념일(V-day) 행사는 미국이 아닌 프랑스나 러시아에서 거행되고 있을 뿐 미국 내에서는 거행되지 않는 것도 같은 맥락입니다.

오늘날 미국과 일본은 보편 가치를 공유하는 동맹국이 되어 세계를 향하여, 인류를 향하여 함께 손짓을 보내고 있습니다. 그 이유를 미국 친구들에게 물어보았을 때 그들의 대답은 지극히 간명했습니다.

  과거의 원한과 증오를 남기거나 후대에 물려주지 않고 언젠가는 인류가 보편 가치라는 한 지붕 아래서 한 가족이 되어 평화롭고 풍요로운 삶을 살 수 있게 되기를 바라기 때문이라고 하였습니다.

  저의 질문에 답한 미국 친구들은 미국을 이끌어가는 지도층 인사들이었습니다. 그들의 헌법 정신 속에는 단순히 미합중국 국민들만을 향한 것이 아니라 전 인류를 위한 이상(理想)이 담겨 있습니다.

  현재 일제 식민지 시대 위안부를 상징하는 소녀상이 주한 일본대사관 앞에 있고 매주 한 번씩 그 앞에서 집회가 열리고 있는 것과는 너무나 대조적이라고 할 수 있습니다. 그것을 두고 시비를 하게 되면 친일 반민족주의자로 매도될까 봐 어떤 정치 지도자도, 지식인도, 종교 지도자도 선뜻 나서지 못하고 있습니다. 민중 조각가 부부가 만들었다는 소녀상은 지금도 이곳저곳에서 늘어나고 있습니다.

  우리가 가장 가까운 나라 일본과 원수로 살아가겠다면 몰라도 그렇지 않고 더불어 살아가려고 한다면 소녀상은 철거되어서 독립기념관에 전시해야 합리적일 것입니다.

  제주에는 4.3 평화공원이 있고, 광주에는 5.18 국립묘지가 있어 해마다 과거의 아픈 상처를 상기하게 만드는 행사가 거행되고 있습니다.

  미래를 생각한다면 지난날의 원한과 증오를 되새기는 시설이나 조형물, 기념행사는 피하는 것이 바람직합니다.

  우리나라의 정치인들, 언론인들, 지식인들과 각계 지도자들이 입만 열면 국민통합을 부르짖는 것과는 너무나 모순되는 현상에 대해 깊이 생각해야 할 때입니다. 기록은 남기되 흔적은 남기지 않는다는 것은 국가 발전과 민족의 앞날을 위한 값진 지혜입니다. 이것은 제가 미국 체류 5년을 통하여 깊이 체험한 경험에서 비롯된 견해입니다.

우리는 독일과 프랑스 역사도 눈여겨볼 필요가 있습니다. 두 나라는 같은 하늘 아래서 함께 살아갈 수 없을 정도로 오랜 숙적 관계의 역사를 지닌 국가들입니다. 1870년 독일은 비스마르크(Bismark, 1815~1898)를 앞세워 프랑스를 항복시키고 씻기 어려운 치욕을 안겨주었으며, 20세기 전반기에 독일은 두 번에 걸쳐 프랑스를 침공하고 유린하였습니다.

그러나 지금 두 나라는 민족주의와 인종주의의 굴레에서 벗어나 보편 가치를 함께 지키고 유럽의 안전과 평화와 번영을 위해 가장 가까운 친구로서 함께 노력하면서 EU를 지켜가고 있습니다.

왜 미국인가?

"영국, 독일, 프랑스, 스웨덴 같은 선진국도 있는데, 왜 하필이면 미국 역사에서 보려고 하는가?"

이렇게 반문할지도 모르겠습니다. 개인적으로 알고 있는 국가들 중에서 가장 많이 알고 있는 국가가 미국이기 때문이기도 하지만, 우리가 배우고 모방하고자 하는 선진국이 있다면 단연코 미국이라고 생각하기 때문입니다. 친미(親美)주의자여서가 아닙니다. 그렇다고 반미(反美)주의자는 더욱 아닙니다.

영국은 입헌군주국이기 때문에 모방이 어렵습니다. 독일과 프랑스는 과거 군주국가, 절대왕정 국가의 역사를 지닌 국가들로서 자유주의 체제의 역사가 미국보다 훨씬 짧습니다. 이들 두 나라가 오늘날과 같은 안정된 자유주의 체제를 유지하게 된 것은 세계 제2차 대전 이후입니다. 스웨덴은 인구 규모가 1,000만 명 정도이고 사회주의 역사와 영향이 큰 국가입니다. 따라서 이들 나라는 우리에게 부분적으로 참고가 될 수는 있어도 전반적인 모방의 대상이 되기는 어렵습니다.

미국은 이들 국가들과는 달리 인류 역사상 최초로 성문 헌법을 만들어 아메리카 신대륙에 인류의 대의(大義)가 아메리카의 대의라는 원대한 이상을 실현하고자 전대미문의 신생 입헌민주공화국을 창조하고 오늘에 이르기까지 230여 년 동안 자유민주주의와 자유자본주의, 법치주의를 유지·발전시켜 온 국가로서 다른 국가들과는 비교가 되지 않는 역사를 지니고 있습니다.

　우리는 1945년 이래 미국과 함께 해왔습니다.
　미국의 도움으로 건국하고, 나라를 지키고, 발전할 수 있었으며, 지금은 인류의 보편 가치를 함께 추구하는 동반자가 되었습니다.
　지난 70여 년에 걸쳐 우리가 미국으로부터 받아온 영향은 넓고 깊습니다. 정치, 군사, 경제, 외교, 과학·기술, 교육, 문화, 예술, 심지어 스포츠에 이르기까지 미국의 영향이 미치지 않는 분야가 없습니다.
　미국은 대한민국의 교사였고 보호자였으며 길잡이였음을 부인할 수 없습니다. 이것을 부끄러워해야 할 어떤 이유도 없습니다. 크고 강하고 앞서가는 나라로부터 배운다는 것은 용기이자 미덕입니다.
　그렇지 않고 이것을 두고 굴종이나 추종, 예속이라고 생각한다면 이는 강대국 또는 선진국에 대한 열등감에서 생겨나는 못난 생각이 됩니다. 열등감에 사로잡힌 자는 결코 성공할 수 없습니다.
　콧대 높은 독일이나 프랑스도 세계 제2차 대전 후 잿더미 속에서 미국의 도움으로 다시 일어설 수 있었으며 이들 국가의 군대는 미국인 총사령관이 지휘하는 NATO(North Atlantic Treaty Organization, 북대서양조약기구)에 속하면서 그들이 말하는 '유대-크리스천 문명'을 함께 지켜가고 있습니다. 그들에겐 자긍심은 있을지언정 어떤 열등감도 없습니다.
　세계에서 가장 많은 유학생을 미국에 보내고 있는 국가는 중국입니다.

중국인들은 중화사상(中華思想)이 강하지만 미국을 따라잡아서 더 강하고 더 부유한 중화대국을 건설하기 위해 열심히 미국을 배우고 있습니다.

특히 미국은 우리에게 고등교육의 앞마당과 같은 기회를 허용하고 있는 나라이고, 이것은 우리의 미래 발전과 깊은 관계가 있습니다.

남한에서 반미 입장을 지닌 인사들 중 다수가 자녀들은 미국으로 유학을 보내고 있다는 사실도 위와 같은 이유 때문일 것입니다.

미국은 20세기 최강, 제1의 국가였으며, 21세기 역시 미국의 세기임을 부정할 수 없습니다. 2008년 국제금융위기가 발생했을 때 한국의 좌파 지식인들은 미국의 자본주의 체제가 파탄이 났고 미국의 세기는 끝나가고 있다는 경박한 진단을 내린 바 있었습니다.

오늘날 국제사회에서 정치·외교학계와 역사학계에서 거론되고 있는 주제들(topics) 중 하나는 급부상하고 있는 중국이 미국을 추월하게 될 것이라는 가정 하에 미국의 세기는 끝나가고 있지 않을까, 하는 것입니다.

이 문제와 관련하여 미국 하버드대학교 석학이자 외교문제 전문가인 조셉 나이(Joseph S. Nye Jr.) 교수가 2015년 『미국의 세기는 끝났는가? Is the American century over?』라는 책에서 금세기 중 미국의 쇠락은 있을 수 없다고 주장하였습니다. 그는 정치, 경제, 군사, 교육, 인구 및 지정학적 관점에서 미국은 여전히 21세기 선도적 주도국가로서의 지위를 유지해 갈 것이라고 단언하였습니다.

일반적으로 학계 전문가들은 중국이 정치적으로 공산당 독재체제를 유지하고 국가통제시장경제 체제를 고수하는 한 미국을 추월하기는 어렵다고 보고 있습니다.

우리는 미국과의 역사적 관계를 소중하게 간직하면서 미래지향의 동반자 관계를 발전시켜 나가야 한다는 점에서 보수적 입장을 지니는 것이 바람직하지 않을까 생각합니다.

가치를 공유하는 강하고 부유한 국가와 평화롭고 상호의존적 관계를 유지하면서 더불어 나아갈 때 우리도 강하고 부유해질 가능성이 높아지기 때문입니다.

그렇지 않고 폐쇄적이고 배타적인 민족주의나 북한의 주체사상, 평등주의 사상에 동조하면서 중국과 손을 잡아야 한다는 것은 민족 심성 깊숙이 자리 잡고 있는 중화사대주의 유전인자의 발현이라 할 수 있습니다. 이것은 나쁘고 위험한 '민족 자폐증 환자'의 증상입니다.

우리는 중국 대륙 언저리에서 기생하듯이 살아야만 했던 과거에서 철저히 벗어나야 하고 반도국가라는 지정학적 특성에 맞게 자유롭고 활기찬 해양국가로 나아갈 때 희망과 미래가 있습니다.

미국은 인류역사상 가장 강대한 해양국가임을 깊이 인식할 필요가 있습니다.

그러나 유감스럽게도 '민족 자폐증 환자'는 줄어드는 것이 아니라 오히려 늘어나고 있습니다. 이것은 마치 우리가 나아가는 앞길에 켜진 빨간 신호등과도 같습니다.

2017년 현재 대한민국의 정치사회는 폐기되었거나 쓸모없는 사상에 매달리면서 우리가 본받고 배워야 할 선진국을 이런저런 이유와 구실로 비판하고 부정하며 반대합니다. 이것은 배부른 자들의 지적 허영에 지나지 않습니다.

　물론 미국도 완벽한 이상적 국가일 수는 없습니다. 완벽한 국가란 인류의 꿈일 뿐 영원히 출현하기 어렵습니다.

　다만 미국보다 더 잘나고 앞서가는 국가가 없을 뿐만 아니라 가까운 장래에 미국을 추월할 수 있는 국가의 출현 가능성도 희박한 것이 현실입니다.

미국을 통합한 지도자 링컨의 사상

국가를 이끌어가는 지도자의 사상은 너무나 중요합니다. 사상이 있는 지도자와 사상이 빈곤한 지도자의 차이는 말할 수 없이 큽니다. 사상이 있는 지도자는 성공했거나 위대한 업적을 남긴 데 비해 사상이 없는 지도자는 실패했거나 오명을 남겼습니다.

사상이 지도자로 하여금 얼마나 위대한 일을 하게 만들었는가 하는 예를 가까운 역사에서 찾는다면 미국의 19세기 링컨 대통령과 20세기 레이건 대통령입니다. 두 지도자는 단순한 정치적 투사(fighter)가 아니라 국가와 세계의 운명을 바꿔놓은 위대한 자유주의 전사(warrior)였습니다. 링컨은 미국의 운명을 바꿨고 레이건은 세계의 운명을 바꿨습니다.

우리가 알고 있는 링컨 대통령(A. Lincoln, 1809~1865)은 통나무집에서 자라나 미국의 대통령이 되어 노예해방을 선언한 훌륭한 지도자이고 그가 남긴 가장 유명한 연설은 "of the people, by the people, for the people"로 알려진 게티즈버그 연설로 알고 있습니다.

그러나 그보다 더 유명한 연설은 그의 재선 취임 연설입니다. 미국 국회의사당에서 곧바로 건너다보이는 곳에 위치한 링컨 기념관은 그 겉모양이 고대 희랍의 신전 모습과 흡사하여 링컨을 신격화하고 있음을 한눈에 알아볼 수 있습니다. 미국 의회 의사당과 링컨 기념관 사이의 넓은 직사각형 공간은 의회의 승인 없이는 어떤 건축물도, 조형물도 세울 수 없는 신성한 공간이 된 이유를 짐작할 수 있었습니다.

링컨은 보잘 것 없는 가정에서 자라나 정상적 교육도 받지 못했고 정치인으로서는 연방 하원의원 2년 경험밖에 없는, 그야말로 변두리 정치인이었음에도 미국 역사에 길이 남는 위대한 정치 지도자의 반열에 올라설 수 있었던 연유를 그의 정치적 삶과 그가 남긴 연설문을 통하여 확인할 수 있습니다.

그는 미국의 건국 사상과 헌법 정신을 체험적 삶을 통하여 터득했고 그것이 그의 깊은 영혼과 결합됨으로써 자신의 사상이 되었으며, 그러한 사상이 그로 하여금 예민한 역사의식과 역사적 소명의식을 갖게 했습니다. 그는 자신이 짊어진 역사적 사명을 수행함에 있어서 자신이 희생제물이 될 수 있다는 것을 예감하고 있었지만 주어진 사명을 다하기 위해 어떤 희생도 감수하기로 다짐하였으며, 결국은 그 예감이 현실이 되었습니다.

그는 상원 진출에는 실패했지만 1858년 6월 16일 일리노이주에서 상대후보 더글러스(Stephen A. Douglas)와 겨루면서 노예문제를 두고 격돌했을 때, 노예제도를 유지하는 것은 독립선언을 위반하는 것이며 우리는 철저히 원칙 위에서 싸워야 한다는 것을 거듭 강조했습니다. 그들이 벌였던 논쟁은 전설이 되어 지금도 전해져 내려오고 있습니다.

링컨 연구가인 굿윈(Doris Kearns Goodwin)이 2005년 10년 준비 끝에 내놓은 『Team of Rivals』에 실린 내용을 보면 지금도 생생한 현장감을 느끼게 됩니다.

"We have to fight this battle upon principle, and upon principle alone."

그가 대통령 취임식에 참석하기 위해 스프링필드(Springfield)를 떠날 때 역전에 모인 군중을 향하여 "내가 지금 떠나지만 언제 돌아올지는 알 수 없다. 내 앞에 놓인 책무(task)가 조지 워싱턴에게 지워진 것보다 더 크기 때문에… 기도해주기 바란다 (I now leave, not knowing when, or whether ever, I may return, with a task before me greater than that which rested upon Washington… I hope in your prayers you will commend me, I bid you an affectionate farewell)."는 감상적이면서도 비장한 연설을 하였습니다.

미국 대통령은 임기가 끝나면 고향으로 돌아가는 것이 지금도 상례가 되어 있음을 고려할 때 그가 돌아올 수 있을지 알 수 없다고 말한 것은 비극적 최후를 예감했다고 할 수 있습니다. 대통령 취임식에 맞추어 열차편으로 워싱턴D.C.로 향하던 중 뉴욕시에 기착했을 때 아스터 호텔(Aster Hotel)에 모인 인사들을 향하여 미합중국의 분열을 막기 위해서 결코 원칙을 포기하지 않을 것이며 원칙을 포기하느니 차라리 이 자리에서 암살을 당하겠다 (But if it "cannot be saved without giving up that principle," he maintained, he "would rather be assassinated on this spot than to surrender it")고 결연히 말하였습니다. 여기서 그가 말한 원칙이란 모든 국민이 동등한 기회를 갖는 미합중국을 뜻합니다.

우리가 그의 재선 취임 연설의 위대한 의미를 이해하려면 그가 치러야 했던 남북전쟁(Civil War, 1861~1865)을 알아야만 합니다. 4년간 치러진 남북전쟁 중 발생한 총 전사자는 623,000명으로 미국이 1차 세계대전, 2차 세계대전, 한국전, 월남전에서 전사한 614,000명보다 더 많은 숫자입니다. 당시 미국 인구와 오늘의 인구를 비교하면 그 당시의 희생자 비중은 훨씬 더 커집니다.

당시 미국 인구는 약 3,100만 명이었습니다. 2차 세계대전이 끝난 직후 1950년 미국 인구는 약 1억 5천만 명인데 이 당시를 기준으로 하면 300만 명 이상이 전사한 셈이 됩니다. 징집대상자 11명 중 1명이 전사하였고, 워싱턴 시내에 위치한 모든 공공건물은 야전병원이 되었으며, 의회 의사당 복도가 2,000개의 야전병원용 침대로 가득한 병원으로 사용되었던 것을 감안하면 부상자 숫자는 전사자 숫자보다 더 많았다고 추측할 수 있습니다.

이러한 사실로 미루어 남북전쟁이 얼마나 치열하고 비극적인 내전이었던가를 짐작하고도 남음이 있습니다.

그는 남북전쟁 승리 직후 재선 취임의 영광을 누렸으나 얼마 지나지 않아 암살당했습니다. 취임식에서 행한 연설은 703자로 된 짧은 내용이었고 그 속에는 남군의 반란에 대한 비난이나 북군의 승리에 대한 찬사는 한 마디도 없었기 때문에 희생을 감내해야 했던 북군 병사들과 반노예투쟁에 참여했던 많은 인사들을 크게 실망시켰습니다.

그러나 세월이 흐르면서 역사에 영원히 남는 명연설이 되었습니다. 그는 앞날에 있을 남북 간 갈등을 우려하고 미합중국이 영원히 하나 되어 번영하기를 바랐기 때문입니다. 그는 우리 모두 같은 성경을 읽고 같은 하느님께 기도를 바치는 형제임을 강조하면서 "누구에게도 원한을 품지 말고 모든 이에게 자비를" 베풀라는 불멸의 명언을 남기고 갔습니다.

"With malice toward none;
With charity for all."

링컨 기념관에 들어서면 오른쪽 벽에 새겨져 있는, 그 유명한 재선 취임연설 전문을 볼 수 있습니다. 그는 사상의 힘으로 미 헌법 정신과 미합중국을 지켜낸 위대한 수호자였습니다. 그는 거부할 수 없는 역사적 과업을 수행하기 위하여 어떤 투쟁도 회피하지 않을 것이며 그 어떤 희생도 감내하겠다고 하는 확신을 국민들 마음속에 심어주었습니다. 그는 그가 예감했던 대로 죽어서야 스프링필드로 돌아갔습니다.

우리의 경우는 정반대입니다. 식민지 36년, 분단 73년, 헌정사 70년 동안 있었던 압제와 핍박, 전쟁, 수많은 사건 사태로 인해 생겨났던 민족적 원한과 증오, 국민적 원한과 증오가 잊히는 것이 아니라 오히려 되살아나고 있다고 해도 과언이 아닙니다.

유감스럽게도 이러한 현상은 인위적으로 조장되고 있는 측면이 많습니다. 우려되는 것은 이러한 현상이 미래를 위해 아무런 도움이 되지 않을 뿐 아니라 긴 안목에서 보면 오히려 자해적 결과를 초래할 수 있다는 점입니다.

세계의 운명을 바꾼 지도자 레이건

링컨이 내전(Civil War)을 감수하면서까지 미합중국의 분열을 막고 미국의 운명을 바꾼 19세기의 위대한 자유주의 전사였다면 레이건(Ronald Reagan, 1911~2004)은 '악의 제국(Evil Empire)'이었던 공산주의 소련 제국과의 냉전을 승리로 이끌고 세계의 운명을 바꾼 20세기 위대한 자유주의 전사였습니다. 둘 다 신앙에 가까운 자유주의 사상의 힘으로 미국과 세계의 운명을 바꿔놓았습니다.

그는 원래 민주당을 지지하던 진보 성향의 할리우드(Hollywood) 배우였으나 1930년대 큰 정부 자유주의 노선에 따르는 뉴딜(New Deal) 시대에 날로 비대해져 가는 정부가 개인의 호주머니를 쥐어짜고 민주당의 복지정책이 복지 수혜자들을 공짜 중독자로 만들면서 부도덕한 삶에 몰입하도록 하는 것에 적대감을 갖게 되면서 공화당으로 옮겨 작은 정부 자유주의자로 변신하여 할리우드 공산주의자들과 싸우면서 투철한 반공주의자가 되었습니다.

제2차 세계대전 이후 레이건 이전의 미국과 서방의 지도자들은 예외 없이 소련의 공산주의 체제를 기정사실로 받아들이면서 이 체제가 지닌 사악성과 위험성을 과소평가한 나머지 유화·공존정책 노선에 충실하였고 심지어 공화당 내의 대표적 반공인사였던 리차드 닉슨(Richard Nixon, 1913~1994) 대통령까지도 소련과의 데탕트(Detent) 시대를 열면서 대소 유화정책을 추구했습니다.

그러나 레이건은 달랐습니다. 그는 1930년대 스탈린의 대숙청과 소련 체제의 사악성에 충격을 받았고 목적을 위해 수단과 방법을 가리지 않는 공산주의자들의 잔인한 본성을 히틀러의 나치스보다 더 사악하다고 인식하였습니다. 그는 처음부터 소련 제국과의 투쟁은 불가피하다고 생각했습니다.

"이 새로운 전체주의와의 진정한 투쟁은 히틀러의 전체주의에 대항해서 싸웠던 것처럼 자유민주주의 세력의 몫이다."라고 주장했던 그가 정치인의 길로 들어서게 된 것은 우연이었습니다. 그는 훗날 자신이 대통령이 된 것을 하느님의 소명으로 받아들이고 그러한 믿음 위에서 대통령직을 수행하였다고 고백하였습니다.

그가 정치무대에 등장하기까지는 공화당 내의 보수적 자유주의 맹장은 애리조나 주 상원의원인 골드워터(Barry Goldwater, 1909~1998)였습니다.

레이건은 1964년 10월 27일 LA에 위치한 앰배서더 호텔에 모인 800여 명의 공화당원 앞에서 대통령 후보 골드워터를 지지하는 운명적인 연설을 하였습니다. 〈보수적 자유주의(conservative liberalism)는 무엇을 위한 것인가〉라는 주제로 세금과 큰 정부, 개인의 자유와 전체주의에 초점을 맞춘 그의 연설은 종전에 들어보기 어려웠던, 보수적 자유주의 사상을 명쾌하게 설명한 내용이었습니다.

"역사상 어떤 국가도 국가 수입의 3분의 1에 달하는 세금을 부담하고 생존한 예는 없다. 오늘 이 나라에서는 우리가 벌어들이는 매 달러당 37센트가 세금 징수자의 몫이며 정부는 매일 세입보다 1천 7백만 달러 이상을 더 지출하고 있다. …정부가 국민에게 의존하는 이 이념은 가장 오랜 인간 역사에서 여전히 가장 새롭고 가장 독특한 이념이다. …이번 선거의 이슈는 미국 혁명 정신을 버리고 워싱턴에 있는 한 줌의 지적 엘리트들이 우리 자신들이 우리의 삶을 계획하는 것보다 더 잘 계획할 수 있다는 것을 증명할 수 있을지의 여부다.

여러분과 나는 점점 더 우리가 좌(left)와 우(right) 중에서 선택해야 한다는 말을 듣고 있으나 거기에는 오직 상승(up)과 추락(down)이 있을 뿐이다. 상승이란 인류의 연륜 만큼이나 오래된 꿈으로의 상승인 바, 법과 질서가 함께하는 개인의 자유라는 궁극적인 것에의 지속적인 상승을 말하고, 추락이란 전체주의 골동품 더미로의 추락을 말한다.

…미국 정책은 승리가 없는 평화라는 유토피아의 안내를 받아왔다. 그들은 자신들의 정책을 '화해'라고 하면서 만약 우리가 직접 대결을 피할 수 있다면 적은 우리에게서 배우게 될 것이라고 말한다. 하지만 그러한 가정은 잘못된 것이다. 평화에 대한 위협은 공산주의 체제 자체의 성격에서 비롯된다. 소련 블록 내에서 자유를 동반하는 평화는 불가능하다. '화해'…이것은 평화와 전쟁 중의 선택이 아니라 오직 투쟁과 굴복 중의 선택만을 허용한다. 만약 우리가 화해를 계속한다면 할수록 밀려나서 결국은 우리가 최후통첩에 직면하지 않으면 안 된다."

이 연설 내용은 지금 우리에게 적용해도 가감할 것이 없습니다. 레이건은 공산주의 소련 제국과의 대결을 '악의 제국'

과의 대결로 규정짓고 이를 지구상에서 소멸시키는 것이 그에게 주어진 역사적 과업이라고 확신하였습니다.

그는 1983년 3월 8일, 플로리다 주 올랜드에서 개최된 전국복음주의자연합 연례대회에서 군비감축을 주제로 연설하면서 공산주의 소련 제국을 '악의 제국(Evil Empire)'이라고 표현함으로써 미국 내 진보진영과 나토 동맹국들로부터 소련과의 관계를 악화시키는 반공(反共) 강골한이라는 비판을 받았으나 물러서지 않았습니다.

당시 미국 내의 비판적 언론들과 인사들은 레이건이 '악(evil)'이라는 단어를 처음 사용한 것처럼 떠들었으나 사실은 그 이전 대통령들도 사용했던 단어입니다. 루즈벨트는 스탈린과 연합전선을 펴면서 "악마(evil)와 손을 잡지 않을 수 없다."고 했고, 트루먼은 소련 공산주의 체제를 '악(evil)'이라고 했으며, 케네디는 '악의 체제(system of evil)'로 표현하였습니다. 기독교 문화권에서 상대를 '악'이라고 규정하게 되면 이것은 타협과 공존의 대상이 아니라 타도와 소멸의 대상임을 뜻합니다.

레이건은 이렇게 말하였습니다.

"그들로 하여금 반드시 이해하도록 만들어야 한다. 우리는 결코 우리의 원칙과 기준을 타협하지 않을 것이고, 우리는 결코 하느님에 대한 믿음을 버리지 않을 것이다. 또한 우리는 항구적인 평화 추구를 멈추지 않는다는 것을…. '악의 제국'이 지닌 공격적인 충동… 현대 세계에서 악이 존재하는 곳… 강하고 자유로운 미국을 지키려는 우리의 노력을 성원해 달라."

이것은 마치 오늘날 우리 자신들을 보고 하는 말과 같습니다.

그는 자신 있게 역설했습니다.

"공산주의는 한때의 일탈로서 인간 본성에 반하기 때문에 지구상에서 사라질 것이다."

그는 그가 다짐했던 바대로 8년간 대통령직을 수행하면서 소련 제국을 파멸로 몰아넣었고 그가 떠난 지 3년 후 불침항모 같이 보였던 악의 제국은 붕괴하였습니다. 그가 재임할 때 상대했던 소련 지도자는 고르바초프(Mikhail Gorbachev, 1931~)였는데 3번 만나서 담판을 벌였습니다.

두 번째 회동은 1987년 12월 워싱턴D.C.에서 있었습니다. 필자는 그때 워싱턴D.C.에 체류하고 있을 때였고 고르바초프가 주미(駐美) 소련대사관에서 백악관으로 향하던 도중 차에서 내려 길거리 시민들과 악수를 나누는 순간을 현장에서 지켜봤습니다. 당시 두 정상 회동에서 레이건이 "역사적 사실들이 우리들 편이다."라고 하면서 소련 체제의 모순과 사악성을 지적했을 때 고르바초프는 "당신은 선생이 아니고 나는 학생이 아니다."라고 응수하였습니다.

훗날 영국 수상인 마가렛 대처(Margaret Thatcher, 1925~2013)는 다음과 같이 회고하였습니다.

"우리 반공주의자들이 승리를 얻어냈고 그 누구보다 레이건의 공이 컸다. 냉전은 자유, 정의, 진실을 위한 전쟁이었다."

그러나 레이건이 재임할 때 미국 내의 대표적 대소 화해론자였던 진보적 지식인들(liberal intellectuals) 중 역사학자였던 아더 슐레진저(Arthur Schlesinger Jr., 1917~2007)는 1982년 쓴 글에서 "나는 소련 상점에는 더 많은 상품, 시장에는 더 많은 음식, 거리에는 더 많은 자동차가 있음을 보았다. 모든 것이 풍족하였다."라고 했고 유명한 경제학자였던 존 갈브레이스(John Galbraith, 1908~2006)는 1984년 "소련 체제가 최근 물질적인 면에서 커다란 진보를 이룩했다는 사실은 통계와 전반적인 도시 풍경에서 분명하게 드러났다. …거리를 오가는 사람들의 행복한 모습에서 그것을 볼 수 있다. …러시아 체제가 성공을 거둔 이유는 서구의 산업경제와는 대조적으로 인력을 완전히 이용하고 있기 때문이다."라고 했습니다.

우리는 여기서 국가가 위기에 처하거나 세계가 위험에 직면할 때일수록 사상이 있는 지도자가 학식이 있는 지식인보다 훨씬 더 앞날을 정확하게 내다보고 정확한 처방을 내릴 수 있었음을 알 수 있습니다.

이들의 글은 마치 서울에서 북한을 선전하며 소동을 벌이고 미국으로 간 신은미의 글을 떠올리게 했습니다. 레이건은 정치적 삶을 통하여 대외적으로는 악의 제국, 공산주의 소련 제국을 소멸하고, 대내적으로는 정부의 개입과 간섭을 최소화하면서 개인과 기업의 자유를 최대한 확대하려고 노력하였습니다. 그는 20세기를 살고 간 위대한 자유주의 전사였으며, 투철한 작은 정부 자유주의 옹호자였습니다.

셋째 마디

사상의 빈곤과 대한민국

우리의 모습

우리의 근대화는 일제 강점기의 식민지 지배 상태에서 시작되었습니다. 근대적 행정체계, 사법체계, 교육체계 등이 그 때 갖추어졌으나 서구 근대 사상과 이론을 흡수하지 못한 채 해방을 맞이했기 때문에 한국의 자유주의 사상과 체제를 언급하려면 1948년 5월 10일 당시를 뒤돌아봐야 합니다.

그날은 우리 민족 역사상 처음으로 입헌자유민주공화국 수립을 위한 제헌(制憲) 국회의원을 우리 손으로 직접 뽑는 선거를 하는 날이었습니다. 국민의 문맹률이 80%에 가까웠던 당시 막대기 기호로 후보자 번호가 표시되었고 유권자들은 자유민주주의가 어떤 것인지, 주권자란 의미가 무엇인지도 모르고 투표장으로 가서 주권을 행사했습니다.

선진 자유민주주의 국가들이 수백 년에 걸친 피나는 투쟁을 통하여 쟁취한 1인 1표의 투표권 행사를 해방된 지 3년 만에 경험하였습니다. 그것은 우리 자신들의 투쟁으로 쟁취한 권리 행사가 아니라 전승국 미국이 안겨준 위대한 선물이었습니다. 감사할 줄은 알았으나 그것이 지닌 가치와 의미를 제대로 알고 있는 국민은 소수였습니다. 인접국 일본이 근대화 과정에서 입헌 체제를 갖추기 위해 21년이라는 준비 기간을 거친 데 비해 우리는 준비가 없다시피 한 상태에서 42일만에 최초의 헌법을 만들어냈습니다.

분단이 되고 전쟁을 치르면서 신생 자유민주공화국이 홍역을 치르는 가운데 어리고 거친 모습의 민주정치는 있었으나 자유주의에서 비롯된 자유민주주의, 자유자본주의에 대한 사상과 이론에 대한 가르침이나 배움은 빈약했고 사전준비는 더욱 미약하였습니다.

이승만 대통령을 비롯한 몇몇 인사들이 미국에서 공부하고 생활한 경험은 있었으나 자유주의에 입각한 대한민국 건설과 발전을 위해 체계적으로 연구하고 준비한 사상가나 이론가는 없었습니다. 우리는 자유가 얼마나 소중하고 자유주의 체제가 얼마나 값진 것인가 하는 것을 해방과 분단, 좌우 투쟁과 전쟁, 혁명과 산업화, 민주화와 같은 체험을 통하여 체득했을 뿐 체계적인 학습(學習)은 여전히 먼 곳에 있습니다.

그나마 전쟁 중 미국유학을 마치고 귀국하여 대학 강단에 선 유학 1세대 학자들이 서구 근대 사상과 이론을 가르치게 되었으나 소개하는 수준에만 머물렀을 뿐 우리 풍토에 맞게 숙성시키고 발전시키지는 못했습니다. 이들은 명분론이 강한 유교적 전통에 깊이 젖어 있는 한국의 정치문화를 간과했고, 타협을 요체(要諦)로 하는 서구 근대사상과 이론을 창조적으로 접목시키려는 생각이나 노력을 등한시했습니다.

따라서 우리의 사상과 이론의 토대는 여전히 미약하고 혼란스러운 상태로 남아 있습니다. 그럼에도 불구하고 언제부터인가 사상을 말하면 촌스럽고 시대에 뒤떨어진 사람으로 여겨지고 조롱당하는 것이 오늘날의 지적 풍토가 되었습니다. 현재 우리가 정치, 경제, 사회의 혼란으로 막다른 골목에 들어서고 있는 근본 원인은 바로 여기에 있습니다.

바로 여기란 사상의 빈곤을 의미합니다.

사상의 빈곤이야말로 우리 시대 최대의 모순이자 적입니다.

사상이 빈곤한 국가는 멀리 내다볼 수 없고 멀리 갈 수도 없습니다. 극적인 사례를 든다면 한미자유무역협정(FTA)일 것입니다. 2017년 3월 15일은 협정 발효 5주년이 되는 날입니다. 결과는 한·미 양국 모두가 이익을 보았습니다. 한국 제조상품은 미국시장에서, 미국 서비스 상품은 한국시장에서 점유율이 동반 상승했고, 양국 간 교역은 1.7% 증가했습니다.

5년 전 협정 발효를 앞두고 글로벌화를 반대하고 미국을 적대시하는 좌파세력들과 이들의 지원을 받는 정치 지도자들은 격렬하게 반대했습니다. 그 중심에는 민노총과 전교조, 이들과 함께 하는 시민사회단체들이 있었습니다. 이들은 "미국산 쇠고기 먹으면 광우병에 걸린다."는 식의 괴담에 장단을 맞추면서 춤을 추듯 반대했습니다.

안보를 구실 삼아 나라 이익을 팔아먹는 것과 같다고 주장한 인사는 외국 명문대에서 학위를 받고 국내 명문대에서 학생들을 가르쳤던 교수 출신이었습니다.

한미 FTA는 을사늑약과 본질이 같다고 하면서 반대에 앞장섰던 인사는 명문대를 나와 대통령 후보까지 올랐던 인사였습니다. 이들은 지금도 정치무대를 떠나지 않고 권토중래(捲土重來)를 꿈꾸고 있습니다. 대한민국의 대표적 지성인이자 정치인으로서 대한민국을 이끌어 갈 수 있다고 자처하는 이들이 5년 후를 내다볼 수 없었다는 것은 폐기되었거나 골동품이 되어버린 사상 속에 갇혀 있었고, 강대국이나 선진국에 대한 선입견과 열등감에 사로잡혀 있었기 때문이며, 세계 역사의 흐름이나 시대 조류를 무시했기 때문입니다. 이들은 자신들의 영수였던, 고등학교 교육밖에 받지 못했던 노무현 대통령의 안목에도 미치지 못했습니다.

이들을 보는 느낌은 조선 왕조시대 지도층 인사를 보는 것 같고, 1960년대 중국의 문혁(文革, 문화대혁명) 당시 지도자들을 보는 느낌입니다. 조선의 지도층 인사들은 시대 흐름을 역류했고 문혁의 지도자들은 세계 흐름을 거부했습니다. 조선은 망했고 문혁은 대실패로 막을 내렸습니다.

　19세기 말 조선이 내부 모순으로 멸망의 길을 걷고 있는 동안 일본은 근대화에 박차를 가하면서 아시아의 패권 국가로 등장하였습니다. 100여 년이 지난 21세기 현재 일본은 태평양 전쟁으로 인한 잿더미 속에서 다시 일어나 자유세계 강대국들과 어깨를 나란히 하면서 고공행진을 도모하고 있는 데 비해 대한민국은 적을 눈앞에 두고 내부적으로 극심한 갈등과 충돌을 자초하면서 추락하고 있습니다.

　사상의 빈곤이 가져온 필연적 현상입니다. 사상이 빈곤해지면 정치와 경제가 빈곤해지고 교육이 피폐해지며, 사회적 갈등이 분출하고 국가 안보가 위험해지는 것을 피할 수 없게 됩니다. 사상이 빈곤하면 정책이 부실해져서 장기계획 수립이나 정책의 일관성 유지가 어려워지고 정권이 바뀌거나 장관이 바뀔 때마다 달라지기 때문입니다. 이렇게 되면 정치발전도, 경제발전도, 교육발전도 불가능하고 사회적 공감대 형성은 더욱 어려워지며, 안보 역시 부실해질 수밖에 없습니다.

　부실한 정치가 경제의 발목을 잡고 있기 때문에 경기 활성화는커녕 뒷걸음질을 하고 있습니다.

　이들은 사상적 이유 때문에 투자환경 개선을 거부하거나 악화시키면서 반(反)기업 정서를 지속적으로 부추기고 열심히 노력하면서 살아가는 국민들의 호주머니를 털어서 낭비하는 데만 관심을 쏟고 있습니다.

교육정책에서 우리만큼 조령모개(朝令暮改)하는 나라도 없습니다. 국가 최고 지도자와 정치인들이 국가 백년대계(百年大計)를 결정짓는 것이 교육이라고 떠들면서도 일년지계(一年之計)도 못 되는 교육정책에 매달려 있습니다. 그런가 하면 중·고교 현장에서는 사상 투쟁과 역사 투쟁이 벌어지고 있습니다. 학교의 고유권한인 역사교과서 채택도 이들의 협박성 간섭으로 심각한 어려움을 겪어야만 합니다.

생각이 짧은 우리 정치인들은 사건사고가 나거나 군중이 모이는 곳이면 떼거리로 몰려가서 자신들의 정치적 입지를 도모하기 위해 여론을 악화시키고 정부를 성토함으로써 사건사고 처리를 복잡하게 만들고 급기야는 단순한 사건사고를 정치쟁점으로 만들어 국회로 가져가는 것이 습관처럼 되고 있습니다.

사상이 빈곤한 사회의 모습 중 가장 심각한 현상은 지도력의 위기입니다.

지도력의 위기가 오면 국정 표류는 불가피해집니다. 이것은 정치문화의 후진성을 의미합니다. 1992년 김영삼 정부 이래 헌법적 결함과 모순에 더하여 사상이 빈곤한 지도자로 인한 권력의 사유화로 정권 차원의 위기가 반복되고 있습니다. 권력 사유화가 심화되면 정상적 국정 수행에 막심한 차질을 가져오게 됩니다.

청와대 비서실의 수석들, 내각의 각료들은 물론이고 집권당 수뇌부도 한갓 들러리로 전락하고, 대통령의 신임을 등에 업은 소수의 외부인사들, 선출되지 않고 책임지지 않는 인사들이 국정을 농락하게 됩니다. 2017년 3월 10일, 탄핵을 당하고 청와대를 떠난 박근혜 전 대통령도 이 경우에 속합니다. 이것은 한 개인의 아픔으로 끝나는 것이 아니라 국민의 아픔이 되고 국가의 상처로 남습니다.

인류의 보편 가치에 입각한 자유주의 체제 신봉자 입장에서 보는 2017년 봄, 자유대한민국은 악령들이 난무하는 모습을 보였습니다.

이들 악령(惡靈)들은 민족이라는 바람, 주체(主體)라는 바람, 평등이라는 바람, 친북·친중(親北親中)이라는 바람을 타고 출몰하면서 반일·반미(反日反美) 깃발, 반세계화(反世界化) 깃발, 반자본주의(反資本主義) 깃발, 반대기업(反大企業) 깃발, '87년 체제 청산 깃발을 흔들어대고 있습니다. 이들 악령들은 통일이 되는 그날까지 계절풍처럼 출몰할 것입니다.

국가를 책임지는 지도자들은 계절풍이 때로는 태풍으로 돌변할 수 있음을 명심하지 않으면 안 됩니다. 태풍을 잠재울 수 있는 것은 오직 견고한 사상의 힘밖에 없습니다.

사상이 공고한 사회와 사상이 빈곤한 사회

　2011년 인접국 일본에서 비극적인 후쿠시마(福島) 원전(原電) 사고가 났을 때 마을 전체가 전쟁이 휩쓸고 간 것처럼 폐허가 되고 수많은 인명이 희생되고 살아남은 주민 10여 만 명이 뿔뿔이 흩어져 피난민으로 살아가야 했으나, 정치인들이 현장으로 몰려가고, 주민들이 대정부 성토 집회를 열고, 진상조사와 사건관계 책임자 처벌을 요구했다는 소식은 듣지 못했습니다.
　2001년 9월 11일, 미국에서 비극적인 대형 테러 사건으로 3,000여 명 가까운 인명 피해와 엄청난 재산 손실이 있었으나 정치인들이 몰려가고 시민들과 유족들이 거리로 몰려나와 정부 책임자 처벌과 진상조사와 피해 보상을 요구하는 소동은 없었습니다. 이 당시 발생한 인명 피해는 1941년 12월 7일, 일본군에 의한 진주만 기습으로 전사한 미군 2,386명을 훨씬 능가하는 대형 참사였습니다.
　일본 국민도, 미국 국민도 정부의 진상조사와 수습과정을 지켜보며 결과를 기다렸습니다. 그와 같은 사고로 인해 관계 부처 장관들이 의회에 불려나가 추궁을 당하고 해임당하는 일도 없었습니다. 우리는 이와 정반대입니다. 이와 같은 차이는 사상이 빈곤한 사회와 사상이 공고한 사회 간의 차이라 하겠습니다.
　적이 코앞에서 핵을 만들고 장거리 미사일을 개발하는 동안 우리 내부에서는 대응책을 두고 여당과 야당이 심한 충돌을 벌이고 있습니다.

심지어 사드(THAAD: Terminal High Altitude Area Defense, 고고도 미사일 방어체계) 배치를 반대하는 일부 야당 의원들은 사드 배치 문제를 두고 우리를 협박하고 경제적 보복을 가하고 있는 중국 정부 요인들을 제 발로 찾아가서 저들의 반대 입장만을 듣고 돌아오는 기막힌 연극이 벌어지는가 하면, 롯데그룹이 사드 배치 기지로 결정된 성주에 있는 골프장을 국방부에 내주고 대토(代土)를 받은 것을 두고서 제1야당인 더불어민주당 대변인이 '뇌물'이라고 비난을 퍼부었습니다.

중국은 사드 배치 문제를 빌미 삼아 대한민국을 공개적으로 겁박하고 중국에 진출해 있는 롯데 사업장의 숨통을 조이는 와중에도 광주에서는 일부 시민들(?)이 롯데 영업장으로 몰려가서 성토를 했습니다. 일찍이 경험한 적이 없는 일들이 일어나고 있는 것은 체제변혁을 노리고 있는 좌파세력의 힘이 그만큼 커졌다는 것을 의미합니다.

이들은 민주와 진보라는 가면을 쓰고 체제변혁, 즉 평등주의 사회 건설을 도모하면서 일이 터질 때마다 선동하면서 거리로 몰려나오고 있습니다. '혁명,' '민중'이라는 단어를 입에 달고 사는, 널리 알려져 있는 한국의 대표적 지식인으로 자처하는 전직 교수는 2016년 대통령 탄핵과 구속을 요구하는 촛불집회에 환호하면서 "민중의 함성이 곧 헌법이다."라는 짧은 글을 통하여 "나는 너무 슬프다."고 했습니다.

그는 건국 이래 국민의 땀과 피로 이룬 부와 자유의 혜택을 누구보다 많이 누리면서도 대한민국 70년 역사를 부정하고, 주체적 평등사회를 건설하려는 사람들 편에 서서 지적 사치와 허영을 뽐내고 있으나, 그 자신이야말로 대한민국을 위해

피와 땀을 흘려온 절대 다수의 국민을 한없이 슬프게 만들었습니다.

세월호 침몰사고와 박근혜 대통령 탄핵을 둘러싸고 벌어진 일들은 일그러지고 흐트러진 우리들의 자화상이라고 할 수 있습니다.

세월호 침몰사고는 2014년 4월 16일, 안산 단원고등학교 학생 등 476명을 태운 연안여객선 '세월호'가 인천항을 출항하여 제주도로 항해하던 중 전남 진도군 연안에서 침몰하여 304명이 목숨을 잃은 해상교통사고를 말합니다. 이 사고로 인해 해양경찰이 해체되고 관계기관 공직자들, 선박회사 소속 직원 다수가 해임되거나 법적 처벌을 받았고, 정부는 진상을 조사하고 수습 노력을 했습니다.

그러나 일부 유족을 앞세운 시민단체들과 인사들이 정부의 조사를 믿을 수 없다면서 철저한 진상조사와 대통령에 대한 책임 추궁을 요구하면서 전국을 초상집 분위기로 몰아넣었습니다. 이들은 광화문 광장 이순신 장군 동상 주변에 불법 천막을 치고 3년째 투쟁을 이어갔고, 끝내 국회로 하여금 대통령 탄핵 사유에 포함시키도록 하는 데 성공하고 환호하였습니다. 탄핵이 결정된 후에도 불법 천막은 여전히 그 자리에 남아 있어 지나다니는 시민들의 마음을 무겁게 하고 있습니다.

우리 정치 사회에서는 유신 후반기부터 '주검의 정치'가 습관처럼 자리를 잡았습니다. 시위 도중 공권력과 충돌하거나 세월호 침몰 같은 참사로 희생자가 발생하면 열사(烈士)를 만들어 거리 행진을 하고, 대규모 장례집회를 열고, 곳곳에 분향소를 차리고 대중의 이목과 관심을 끌어들이면서 정부를 성토하며, 책임자 처벌과 보상을 요구합니다.

 정치인들은 창당(創黨)을 하거나 당대표가 되거나, 대통령 후보가 되면 무리를 지어 국립묘지에 가서 분향을 하고 참배를 합니다. 일본 정치인들이 야스쿠니 신사를 단체로 참배하는 모습을 연상케 하지만 미국 같은 선진국에서는 볼 수 없는 현상입니다. 국립묘지는 호국영령이 잠들어 있는 신성한 곳입니다. 국민들로부터 가장 불신을 받는 정치인들이 영전에 고개를 숙인다는 것은 호국영령을 욕되게 하는 행위이며, 국민의 눈을 의식한 정치연극에 지나지 않습니다. 주검의 정치가 습관이 되어 버리면 정치를 어둡게 하고 국민의 심성을 어둡게 하며, 국가 전체에 어두운 그림자를 드리우게 됩니다.

 고대 잉카제국, 고대 이집트 통치자들이 주검의 정치를 통하여 사회를 지배했던 역사적 과거를 되새겨볼 필요가 있습니다. 그들 제국은 결국 사라졌습니다.

 2017년 3월 10일 헌법재판소 재판관 8명은 전원일치 판결로 국회 탄핵 결정을 받아들여 박근혜 대통령을 파면하였습니다. 좌파의 승리이자 우파의 패배였습니다. 좌파들이 '세월호 침몰 사고'를 투쟁 고리로 삼아 박근혜 대통령 탄핵과 검찰 수사에 성공한 일련의 과정은 '5·18 광주사태'를 투쟁 고리로 삼아 김영삼 정부로 하여금 '5·18 특별법'이라는 위헌적 소급입법으로 '역사바로세우기'라는 재판을 통하여 두 명의 전직 대통령을 구속 수사한 과정을 빼닮았다는 느낌을 떨쳐 버릴 수가 없습니다.

 그 당시에도 정치권, 검찰, 사법부, 언론이 일치단결한 것처럼 한 패가 되어 여론재판, 정치재판을 했고, 이번에도 정치권, 검찰, 헌재, 언론이 한 패가 되어 여론재판, 정치재판을 연출해냈습니다. 좌파들에게 역사바로세우기 재판 결과가 10·26 이후 첫 번째 정치적 승리였다면, 이번 탄핵은 두 번째 승리라고 할 수 있습니다.

우리가 이번 사태의 본질을 파악하려면 역사바로세우기 재판의 연장선상에서 이해해야만 합니다. 이들은 첫 번째 승리로 정치적 주도권을 장악했고, 이번 승리로 더 큰 목표 달성을 향해 투쟁의 강도를 높여갈 수 있게 되었습니다.

우리는 탄핵을 당하고 청와대를 떠난 박근혜 전 대통령을 위해 눈물을 흘려야 할 이유는 없지만, 앞날의 정치와 법치를 위해 냉철한 검토와 복기가 필요하게 되었다는 점에서 사태의 끝이 아니라 또 다른 사태의 시작이라고 할 수 있습니다. 태극기를 든 국민은 불복을 선언했고 탄핵을 주도했던 정치권과 언론은 헌재 판결에 승복하는 것이 정도이고 순리인 것처럼 떠들었습니다.

국회가 촛불집회의 등에 업혀 확인되지 않은 소문과 정보에 근거하여 정치적 탄핵부터 해놓고, 탄핵에 앞장섰던 야당 국회의원들이 선정한 특검에 의한 일방적 강압수사에 맞추어 헌재가 일방적 심리를 강행하면서 한 명의 헌재 재판관 퇴임 일자에 맞추어 졸속 판결을 내리는 과정을 지켜본 양식 있는 국민들은 심히 혼란스러울 수밖에 없습니다.

민주주의의 절차와 법치주의의 원칙을 무시하고 상식에 어긋나는 과정을 거치면서 내린 판결 결과를 두고 국가기관이 법의 이름으로 결정한 것이니 승복하라는 것은 민주주의의 절차와 법치주의의 절차를 상관하지 말라는 강요와 같습니다. 이것은 박근혜 전 대통령 개인과는 전혀 상관없는 별개의 문제입니다. 자유민주주의 체제를 존중하고 선진국이 되기를 염원하는 국민이라면 승복하거나 침묵할 수 없는 아주 근원적인 질문을 하지 않을 수 없는 문제입니다. 만약 승복하게 되면 부패하고 독단적인 권력과 선동세력 앞에 굴종하는 것이 되고, 침묵하면 자유민주주의 체제를 위험에 빠뜨리게 됩니다.

국회의 특검과 헌재가 얼마나 상식을 벗어나고 독단적인가를 보여주는 사실 중 하나는 박근혜 대통령, 이재용 삼성그룹 부회장과 최순실을 직권 남용, 뇌물 수수, 경제공동체로 단정한 부분입니다.

어떤 사회라 할지라도 그 사회의 정치문화와 관습, 관례를 벗어나서 당대의 정의를 말하기는 어렵습니다. 악성 권력정치라는 한국적 정치문화 속에서 최고 권력자가 정치적 필요 때문에 전경련을 앞세워 대기업으로 하여금 기금을 내도록 하여 국가 대사를 치르거나, 사회적으로 필요하다고 생각되는 각종 공공조직을 만들어서 자기 사람들을 그 자리에 앉히는 과정에서 권력자들과 연줄이 닿는 기생충 같은 사람들이 남모르게 사익을 챙기다 문제를 일으키는 일들을 우리는 관행인 것처럼 항상 보아왔습니다. 비록 선량한 국민들은 몰랐다고 하더라도 국정에 참여한 공직자들이나 언론인들이라면 관례처럼 받아들여 온 것이 그간의 사정이었습니다.

2000년 김대중 대통령은 현대그룹으로부터 미화 5억 달러에 가까운 돈을 국민 몰래 뜯어냈습니다. 이것은 권력을 이용한 심각한 직권남용입니다. 이 돈을 북한 김정일에게 바치고 남북정상회담과 6·15 공동선언을 얻어냈습니다. 이것은 김대중 대통령과 김정일 두 정상 사이에 있었던 이적 행위에 가까운 뇌물수수였습니다. 그리고 돈을 바친 정주영 현대그룹 회장은 금강산 관광사업 독점권을 받았고 개성공단 기반 조성 독점권도 얻어냈습니다. 이것은 김대중 대통령과 정주영 회장 간에 이루어진 뇌물수수였습니다.

특검과 헌재의 판단기준을 적용하게 되면 김대중, 김정일, 정주영은 완벽한 공범이자 경제공동체가 됩니다. 김대중 대통령이 사익을 취한 것이 없다고 할지 모르겠으나 남북정상회담과 6·15 공동선언으로 남북화해를 위한 물꼬를 텄다는 공으로 노벨평화상이라는 어마어마한 이익을 챙겼습니다. 그들은 이것을 햇볕정책의 결과라고 미화했습니다. 사전에 국민의 동의를 받았거나, 사후 국회 동의를 거친 바도 없었습니다.

이 당시 김대중 대통령의 최측근이었던 박지원은 현재 국민의당 소속 의원으로 이번 탄핵에 앞장섰으며, 그와 입장을 함께 했던 야당 국회의원 다수는 김대중 대통령의 정치적 아들딸들이자 후예들입니다. 오늘날 6·15 공동선언에 입각하여 남북화해를 추구하고 남북문제를 자주적으로 해결하자는 사람들은 엄밀히 말해서 김대중 대통령이 김정일에게 돈을 주고 얻어낸 6·15 공동선언이라는 뇌물의 수혜자들이라고 할 수 있습니다. 이들로부터 정치적 양심이나 사회정의를 기대한다는 것은 부질없는 망상(妄想)입니다.

지금은 독재 전성시대입니다.
한 사람의 권력자가 독재하는 것보다 다수가 한 편이 되어 정치사회를 좌지우지하는 독재가 더 무섭고 더 위험하고 더 큰 해악(害惡)을 끼치게 됩니다.

촛불집회, 촛불보도, 촛불탄핵, 촛불수사, 촛불판결은 한때의 대중영합주의(populism)와는 전혀 다른 폭민주의(暴民主義, mobocracy) 현상입니다. 이것은 민중독재, 국회독재, 검찰독재, 헌재독재, 언론독재로 인해 생겨나는 현상이라 해도 과언이 아닙니다.

좌파들이 말하는 민중의 이름으로, 국가기관과 언론이 앞세우는 법과 정의의 이름으로, 정당한 절차가 무시되고 진실이 왜곡되거나 일방적 강압수사와 자의적이고 일방적인 심리와 판결로 대중의 판단의식을 혼란시키고, 정의가 설 자리를 빼앗기게 되면 일인독재보다 더 끔찍한 독재현상이 벌어지게 됩니다.

선량한 다수의 국민들이 문제의 심각성을 알아차렸을 때는 이미 모든 것이 끝나버린 뒤가 되고 문제제기를 하게 되면 불복자, 불평분자로 매도당하며 침묵을 강요당하게 됩니다.

우리는 문명사회에서 살고 있다고 믿고 있습니다. 문명사회란 법이 공정하게 적용되고 정의가 지배하는 사회를 말합니다. 법과 정의는 같은 것이 아닙니다. 법은 정의의 실현을 위한 방편에 지나지 않습니다. 정의가 법을 위해서 존재하는 것이 아니라 법이 정의를 위해서 존재하는 것이기 때문입니다.

만약 정치권력이 시대와 상황에 따라 소수 민중을 등에 업고 언론의 힘을 빌려 법을 자신들에게 편리하고 유리하게 적용하고 남용하게 되면, 정의는 영원히 실현될 수 없습니다. 이러한 사회는 결코 문명사회라고 할 수 없습니다.

불행하게도 우리 사회에서는 1990년대 이래 이러한 현상이 반복되고 있을 뿐만 아니라 더 빈번해지고 더 악화되고 있습니다. 이것은 한때의 권력자나 정치집단의 이해관계와 관련된 문제가 아니라 자유민주주의 존망(存亡)과 법치주의 존폐(存廢)의 문제입니다. 이 문제 해결의 과제는 궁극적으로 주권자인 국민의 몫으로 남게 됩니다. 따라서 주권자는 당대의 모순에 눈을 감아서도 안 되고 당대에 있었던 잘못된 과거사를 망각해서도 안 됩니다.

이와 같은 현상의 시작은 1996년도였습니다. 당시 김영삼 대통령이 헌법에 금지되어 있는 소급입법으로 특별법을 만들어 정치보복 재판을 연출했을 때, 보복을 요구하는 좌파민중, 국회, 검찰, 사법부, 언론이 한 편이 되어 광풍(狂風)을 일으키며 좌파와 5공 적대세력에게 정치적 승리를 안겨주었으나, 헌법은 상처를 입었고 법치는 심히 훼손되었습니다. 이들에게 중요한 것은 진실이 아니라 오직 단죄와 보복을 위한 구실뿐이었습니다.

현재 우리가 직면하고 있는 최대의 국가적 과제는 절차적 민주주의 확립과 정상적 법치주의 정착에 있습니다. 어떠한 범죄를 저질렀다 하더라도 법치주의 정신과 절차를 따라 처벌해야 합니다. 정치권력이 자신들의 정치적 목적 달성을 위해 위헌적 특별법을 만들어 정치적 보복을 한다거나, 좌파들이 말하는 민중의 요구가 있다고 해서 일방적 수사와 재판을 하게 되면 법치주의는 설 자리를 잃게 됩니다.

4,000만 유권자들의 선택을 받아 1,570여 만 표로 당선된 대통령의 정치적 과오 때문에 수많은 민중이 거리로 나와 퇴진을 요구하고, 잘하는 것도 없고 신뢰받지도 못하는 정치 지도자들과 정당들이 여론을 앞세워 대통령이 국정에서 손을 떼고 자신들의 요구를 수용하지 않으면 퇴진을 요구한다고

해서 헌법과 법 절차에 의하지 않고 물러나게 되면 절차적 민주주의와 법치주의는 영원히 실현할 수 없게 됩니다.

　대통령 한 사람의 퇴진보다 더 중요한 것이 민주주의와 법치이며, 어떠한 희생과 대가를 치르더라도 민주주의와 법치주의를 지키고 키워가는 것이 민주공화국 시민의 포기할 수 없는 책무입니다. 1,570여 만 표를 얻어 당선된 대통령이 수십만 민중의 초헌법적, 초법률적 퇴진 요구로 물러나게 된다면 이것은 민주주의 질서가 아니라 우리가 가장 경계하고 두려워해야 할 폭민주의 현상을 피할 수 없게 됩니다. 일부 민중, 폭민이 주권자처럼 위세를 떨치는 사회에서는 어떠한 합법적 정부도 수명을 다하기 어렵고 선량한 시민들의 자유와 권리, 생명과 재산 역시 보호받기 어렵게 됩니다.

　이렇게 되면 선거민주주의는 끝장입니다.

　국민의 입장에서 대한민국 민주주의의 현주소에 대해 깊이 생각할 점이 있습니다. 우리는 흔히 민주화를 이루었다고 자부하고 있으나 이것은 큰 착각이며, 큰 오만입니다. 이제 겨우 민주주의를 시작했다고 봐야만 합니다. 우리의 민주주의는 이제 겨우 일인독재와 일인 장기집권이 불가능하게 되고, 선거로 국민과 시민의 대표를 선출하는 수준일 뿐 절차적 민주주주의와 법치 확립, 이를 추진해내고 지켜갈 수 있는 민주적 시민과 국민의 성숙함이라는 민주주의 대장정(大長征)의 목표가 우리 앞에 놓여 있습니다.

　한 사람의 권력자를 희생 제물로 삼는 것은 당장의 문제이지만 민주 대장정을 위한 길은 영원한 것입니다. 사상이 빈곤한 사회가 지니고 있는 두드러진 정치적 특징은 관용과 타협이 없는 정치, 퇴로를 허용하지 않는 정치, 언제나 희생 제물을 필요로 하는 정치 풍토입니다.
  이 환경에서 벗어나지 못하면 정치발전은 영원히 불가능합니다. 정치발전이 없으면 국가의 발전 역시 불가능합니다. 정치가 모든 것을 좌우하기 때문입니다.

넷째 마디
국가와 국민, 기로에 서다

체제변혁 투쟁이 진행되고 있다

　남한의 좌파는 오늘날 체제변혁 투쟁을 하고 있습니다.
　체제변혁 투쟁이란 반정부 투쟁, 반체제 투쟁과 병행하여 남한의 자유주의 체제를 평등주의 체제로 바꾸고, 남과 북이 합의하여 낮은 단계 연방제를 실현하려는 사상적 혁명 투쟁을 말합니다.
　이들은 반정부 투쟁 과정에서 광우병 사태를 일으켜 이명박 정부를 수세로 몰아넣으면서 국정 장악력을 약화시켰으며, 세월호 침몰 사고를 물고 늘어지면서 최순실 사건과 연계시켜 박근혜 정부를 붕괴시켰습니다.
　1980년부터 표면화되기 시작한 반체제 투쟁은 기존의 남한 체제인 자유민주주의와 자유시장경제 체제를 반대하는 투쟁을 말합니다. 이들은 민족민중민주 정치와 민족민중경제를 꿈꾸는 평등주의자들로서 국가보안법 폐지, 반미, 주한미군 철수, 민족자주, 남북화해와 남북경제협력 노선을 고수하는 가운데 평등주의 경제를 위한 경제민주화 실천과 보편복지, 사회적 경제와 재벌 해체를 요구하면서 끊임없이 자유주의 체제를 위협해 왔고, 체제변혁을 위한 기반을 구축해 왔습니다. 이들의 목표는 경제평등화를 추구하고, 6.15 공동선언에 입각한 낮은 단계 연방제를 실현하는 것입니다.
　'87년 체제란 건국 헌법의 연장선상에 있는 1987년 헌법에 근거한 현재의 대한민국 체제를 뜻하며, 분단과 반공, 한미동맹과 정전협정, 자유민주주의와 자유시장경제, 자유평화통일을 근본 바탕으로 하고 있습니다.

따라서 '87년 체제 청산'이란 이상과 같은 근본 바탕을 근원적으로 청산하는 것을 말합니다. '87년 체제 청산이 이루어지려면 국가보안법 폐지, 정전협정의 평화협정 전환, 주한미군 철수 유도와 자주적 대북화해정책은 불가피하고, 평등주의 경제체제 실현과 더불어 낮은 단계 연방제 달성은 필연적 목표가 되어야 합니다.

이들의 체제변혁 투쟁은 약화되거나 멈추지 않을 것이며, 양심세력, 민주세력, 진보세력, 평화세력, 통일세력이라는 현란한 가면을 쓰고 국민과 시민을 기만할 것입니다. 이들이 대한민국 현대사를 부정하고 대한민국 정부의 정통성을 인정하지 않으면서 태극기와 애국가를 거부하는 것은 결코 우연이 아닙니다.

남한의 좌파가 오늘날 여기까지 도달할 수 있게 된 것은 이들의 투쟁 전략이 뛰어났기 때문이 아니라 우파가 안이하고 무기력했기 때문입니다. 이러한 현상은 머리가 텅 빈, 이기적이고 탐욕적인 우파 정치인들, 문제의식이 희박하고 안이한 우파 지식인들, 사상적으로 둔감한 대중이 한 편이 되어 자초한 결과입니다.

좌파는 지난 70여 년에 걸친 투쟁을 통하여 지하 불법 투쟁세력으로부터 합법적 투쟁세력이 되었고, 반독재 민주화 투쟁에 편승한 공(功)으로 민주투사라는 위장복과 방탄복을 입게 되면서 반체제 투쟁세력으로 변신하여 대정부 투쟁에 앞장섰으며, 이제는 거대한 체제변혁 세력으로 모습을 드러내고 본격적 투쟁에 나서고 있습니다.

이들은 교육현장과 노동현장을 지배하고 각종 문화예술단체와 광범위한 시민사회 조직에 포진하고 있을 뿐 아니라 공직사회를 비롯하여 검찰과 법원까지 연대하여 투쟁하고 있습니다. 좌파언론뿐만 아니라 때로는 기회주의적인 우파 족벌 언론까지 가세하여 정치권의 엄호를 받고 공권력을 무력화시키면서 군림하고 있습니다.

광화문 광장 언저리에 3년째 불법 천막을 치고 '세월호 침몰 사고'를 구실 삼아 대정부 투쟁을 하고 있는 현장이야말로 우파 정부의 무기력함과 좌파의 투쟁성을 보여주는 상징적 모습입니다.

좌파에 의한 체제변혁 투쟁은 자유대한민국 체제에 대한 성격 규정에 근거를 두고 있습니다. 이들은 자유대한민국 체제를 반식민지(半植民地) 매판 자본주의(買辦 資本主義) 체제로 규정하고 있습니다.

반식민지란 외세 지배로부터 완전히 벗어난 북한과는 달리 남한은 여전히 미국의 지배 아래 있다는 뜻이고, 매판 자본주의 체제란 미국을 맹주로 하는 제국주의적이며 착취적인 선진 자본주의 체제에 예속된 경제 체제를 뜻합니다.

따라서 좌파에게 반미(反美), 주한미군 철수 투쟁과 한국의 자본가들이 선진국 자본과 결탁하여 사리(私利)를 챙기면서 자국민의 이익을 저버리는 매판 자본주의 체제에 대한 투쟁은 역사적 정당성을 지니게 되고, 반식민지 매판자본주의 숙주(宿主)가 되는 대한민국의 친일·친미 우파 정권은 당연히 반대와 타도의 대상이 됩니다.

남한사회에서 벌어지고 있는 좌파에 의한 체제변혁 투쟁을 정확하게 이해하려면 이들 투쟁의 과거 족적을 확인해 봐야만 합니다.

　한반도에서 좌익, 좌파 투쟁은 1920년대부터 시작되었습니다. 1919년 3월 1일 독립만세운동을 계기로 중국에서 출범한 임시정부가 독립운동을 하는 과정에서 민족주의 진영과 사회주의 진영으로 분열·대립함에 따라 민족주의 진영은 독립 후 자유주의 국가 건설을, 사회주의 진영은 사회주의 국가 건설을 목표로 세운 데서 비롯되었습니다.

　민족사에서 사회주의 운동이 태동한 1921년은 중국 공산당이 창당된 해였습니다. 1924년 조선공산당이 1국가 1당 원칙에 따라 소련공산당이 주도하는 코민테른(Comintern, 국제공산당 1919~1943)으로부터 한국 지부로 승인을 받았으나, 일제 식민지 탄압으로 인해 지하에서 겨우 명맥만을 유지하고 있다가 일본이 패망하자 남조선노동당(남로당)으로 전열을 갖추고 미군정 하에서 건국 정국에 뛰어들어 좌우 대립과 투쟁을 격화시켰습니다.

　한반도 문제 해결을 위한 미·소 양국 간의 협상이 실패로 끝나고 남한에서 공산당이 불법화되기 전까지 이들은 합법적 투쟁을 하였습니다. 투쟁은 격렬하고 잔혹했으며 폭력과 파괴, 테러와 살인이 난무하였습니다. 이 당시 남로당 세력은 정부, 국회, 군을 비롯하여 교육계, 문화예술계, 언론계 등에 걸쳐 광범위한 투쟁조직인 망(網)을 형성하고 있었고, 최대 배후 지원세력은 철도노조와 체신노조를 주축으로 하는 전국노동조합평의회(全評, 전평)였습니다.

　이들에 비해 우파 세력은 미약했습니다. 남로당이 미군정 당국에 의해 불법화되자 지도부는 체포되거나 월북하였지만 하부조직 구성원 다수는 남아서 지하로 스며들어 투쟁을 이어갔습니다. 이 시기에 제주 4.3 폭동과 여수·순천 반란사건, 대구 10.1 폭동사건이 있었습니다. 오늘날 우리가 직면하고 있는 좌파들의 체제변혁 세력 모습은 1946년 당시 남로당 중심의 좌익세력이 부활한 것이 아닌가 하는 착각을 일으키기에 충분합니다.

오히려 그 당시보다 숫자가 늘어났고 투쟁 방식은 더 교활해졌습니다. 1946년 당시는 좌익들이 선전선동과 폭력에 의존했다면 지금의 좌파들은 다양한 비폭력적 방식을 동원하는 차이가 있을 뿐입니다. 이들이 구사하는 방식은 정치투쟁, 역사투쟁, 교육투쟁, 문화예술 투쟁, 노동투쟁, 준법을 가장한 불법투쟁, 공권력과 법치 무력화 투쟁, 사건사고 이용 투쟁, 괴담투쟁 등등입니다.

남한과는 반대로 북한에서는 공산주의에 반하는 모든 사상이 금지되고 우익 인사들은 철저히 숙청되고 제거되었습니다. 지금도 반정부나 반체제 언동을 하게 되면 당사자 본인은 물론 일족이 말살되고 친인척과 주변 인물까지 처벌을 받거나 감시의 대상이 되고 심한 차별을 받아야 합니다. 6.25 남침 당시 북한군이 점령한 지역에서는 지하에 잠복하고 있던 좌익들이 북한군의 앞잡이와 길잡이가 되어 수많은 우익 인사들과 양민을 학살하고 점령 지역을 지배했습니다. 이 기간을 적치(赤治) 기간이라고 합니다.

1953년 휴전이 되고 1979년 유신정권이 끝날 때까지 좌파는 지하 불법투쟁을 멈추지 않았고 북한은 이들과 연계하여 대남적화 투쟁을 공세적으로 전개하였습니다. 한편 남한의 대학가에서는 광범위한 반독재, 반유신 투쟁과 더불어 북한의 주체사상과 중남미에서 유행하던 식민지 종속이론과 해방신학의 영향을 받는 반체제 세력이 급속도로 늘어났습니다.

이 시기에 6.25 이후 최대 대남공작사건인 통혁당 사건이 발생했습니다. 통일혁명당은 북한의 지령과 지원을 받아 결성된 북한노동당 재남 지하당을 말하는 것으로, 1968년 김종태를 비롯하여 전 남로당원, 급진적 지식인, 학생, 청년, 문화인, 종교인 등 158명이 검거된 사건입니다. 이들의 임무는 결정적 시기가 도래하면 무장봉기를 일으켜 서울을 장악하는 것이었습니다. 북한군에 의한 1.21 청와대 습격사건, 육영수 저격사건도 이 시기에 발생하였습니다.

좌파가 지하 불법투쟁에서 공개적인 반체제 투쟁으로 전환하게 된 결정적 계기는 1980년 광주사태였습니다. 이전까지 좌파 투쟁은 반독재 민주화 투쟁 양상을 보였으나 광주사태를 계기로 주사파가 전면에 나서면서 반체제 투쟁을 주도하게 됩니다.

NL(National Liberation, 민족해방)파로 자칭하는 주사파(主思派)는 김일성의 주체사상을 지도이념과 행동지침으로 삼고, 김일성의 대남 적화노선에 입각한 민족해방 민중민주주의 혁명을 통하여 민족자주 통일을 달성하려는 급진적 좌파투쟁 조직을 말합니다.

이들이 남한 체제를 '반식민지 매판자본주의 체제'로 규정하고 있기 때문에 주사파를 중심으로 하는 좌파들의 투쟁 목표는 민족해방 달성과 민중민주주의 체제 건설일 수밖에 없습니다. 그러한 성격 규정은 주사파가 만들어낸 것이 아니라 북한이 대남 적화통일 전략을 위해 만들어낸 것을 빌려온 것입니다. 민중민주주의란 인민민주주의를 뜻하고 인민민주주의의 실체는 사회주의입니다.

이들은 1995년 김영삼 정부가 주도하고 우파세력과 좌파세력이 합작으로 연출하여 제정한 위헌적 소급입법으로 '역사바로세우기'라는 전대미문의 정치재판을 벌여 5공 주역들을 반란과 내란죄로 단죄함으로써 계엄군을 살인집단으로 만들고, 주한미군을 공범자로 만듦으로써 투쟁의 정당성과 주한미군 철수를 주장할 수 있는 발판을 마련할 수 있게 되었습니다.

뿐만 아니라 역사바로세우기 재판 결과 괴담은 진실이 되고 국가 공권력은 탄압자라는 오명을 뒤집어쓰게 되었습니다. 이때부터 한국의 정치사회는 괴담이 지배하고 국가 공권력은 여론을 살피면서 책임지지 않을 만큼 대응하는, 소극적이고 수동적인 존재로 전락하였습니다.

광주사태 초기에 시민들을 자극한 괴담들은 과거 남한사회에서 경험해본 적이 없는 끔찍한 내용들이었습니다.

"계엄군이 대검으로 처녀 젖가슴을 도려냈다."
"계엄군이 대검으로 임신부 배를 갈라 태아를 꺼냈다."
"경상도 군인들이 전라도 사람들을 죽이러 왔다."

물론 이것은 사태를 악화시키려는 목적을 지닌 무리들이 만들어낸 근거 없는 괴담이었으나 역사바로세우기 재판 결과 진담으로 대접받게 되었습니다. 오늘날 한국 정치사회에서 괴담이 위력을 발휘하게 된 것은 광주사태와 역사바로세우기 재판 결과와 무관할 수가 없습니다. 그들의 승리는 괴담의 승리였습니다.

KAL기 폭파 김현희 가짜설, 광우병 괴담, 천안함 폭침 괴담, 한·미 FTA 괴담, 효순이·미선이 괴담, 세월호 침몰 괴담, 사드 배치 괴담은 모두가 정부를 곤경에 몰아넣고 정부에 대한 불신을 조장하면서 체제를 약화시키려는 세력들에 의해 보이지 않는 곳에서 만들어진 시나리오라는 공통점을 지니고 있습니다. 괴담을 전문적으로 생산해내고 퍼뜨리는 전문가 집단은 북한입니다.

광주사태와 관련된 진실은 여전히 가려져 있고 묻혀 있으며 역사바로세우기 재판에 대한 위헌 시비는 끝나지 않고 있습니다. 이것은 5공 주역 몇 사람과 관련된 명예회복 차원의 단순한 문제가 아니라 좌·우 사상 투쟁을 둘러싼 주도권과 관련된 중대한 문제이므로 진실규명에 따른 재조명이 불가피합니다. 남한의 좌파들이 1980년 이래 주도권을 장악하게 된 계기는 5.18 광주사태와 '역사바로세우기'라는 정치재판이기 때문입니다.

해마다 평양에서 거행되고 있는 5.18 기념행사가 광주에서 보다 더 성대하고 요란한 것도 그냥 지나쳐 볼 일이 아닙니다. 북한은 5.18 사태를 위대한 민족해방 민중민주 혁명 투쟁으로 그들 역사에 기록하고 있습니다. 어쩌면 5.18 광주사태에 관한 한 그들만의 진정한 영웅들이 북한 땅 어딘가에 묻혀 있거나 살고 있을지도 모릅니다.

1998년 반독재 민주화 투쟁의 희생자, 광주사태의 희생자라는 후광을 업고 집권에 성공한 김대중 정부는 건국 이래 명실상부한 최초의 좌파 정부였습니다. 그의 임기 중에 불법세력으로 경계의 대상이 되고 제재를 받아왔던 좌파단체, 시민단체들은 합법화되었고, 국가보안법에 의해 처벌받았던 인사들은 반공 우파정부에 의해 탄압받은 인권 희생자로 대우받으면서 복권되거나 금전적 보상까지 받았습니다.

이로써 국가보안법은 사실상 유명무실(有名無實)해졌고, 6.15 남북 공동선언은 건국 이래 지속되어 왔던 남북대립과 남한에서의 좌우대립 양상을 완전히 뒤바꿔 놓았습니다. 우파는 수세에 놓이고 좌파가 주도권을 잡으면서 남남갈등이 격화되기 시작했습니다.

김대중, 노무현 정부는 6.15 공동선언에 따른 대북 화해 정책을 '햇볕정책'이라는 미명(美名)으로 포장하면서 북한을 향하여 선심(善心)을 다하고 아양과 아부에 가까운 추파를 던졌습니다. 그러나 우리가 돌려받은 것은 핵 공갈과 미사일 협박이며, 대남 적대정책 강화와 남남 분열갈등 격화 책동입니다.

6.15 공동선언은 아직도 폐기되지 않았고 좌파들은 이를 포기하지 않고 있습니다. 6.15 남북공동선언은 좌파들의 신앙서가 되었습니다. 한반도의 하늘은 햇볕이 아니라 핵구름이 몰려오고 있습니다. 북한과 한편인 중국은 우리를 농락하고 가까운 우방인 일본은 우리를 얕잡아 보며, 동맹국인 미국은 우려와 불편한 심정으로 우리를 지켜보고 있습니다.

2002년 대선에서 노무현 후보가 당선된 것은 김대중의 지원을 받은 주사파들이 주축이 된 좌파의 정치적 승리였습니다. 노무현 정부는 김대중 정부의 정책노선을 계승하면서 남북문제에 대한 그들의 목적을 달성하려고 모든 노력을 다했습니다. 국가보안법 폐지 투쟁을 벌였고 심지어 서해 NLL까지 북한의 요구대로 양보하려고 했습니다.

1980년부터 2011년까지 북한은 버마 아웅산 폭파, KAL 공중폭파, 천안함 폭침, 연평도 포격, 이한영 암살, 황장엽 암살 시도와 같은 대담하고 잔인한 대남 공세를 취했고, 수백만이 아사하는 고난의 행군을 겪으면서도 김정일은 2006년 핵실험에 성공하고 장거리 미사일 개발에 박차를 가함으로써 한반도 위기를 조장하였으며, 김정은은 2017년 9월 수소폭탄 실험 성공을 자축하는 대대적 행사를 벌였습니다.

　뿐만 아니라 남한 내의 종북좌파 세력, 체제변혁 세력을 고무시키고 남남갈등을 조장하는 데 성공했습니다. 북한이 이처럼 기사회생하여 괄목할 만한 성취를 이룬 이면에는 김대중, 노무현 정부의 적극적인 성원과 지원이 있었기 때문임을 부인할 수 없습니다.

　2013년 발생한 이석기 사건은 1968년에 있었던 통혁당 사건을 연상케 했습니다. '남한사회주의혁명'을 도모하려다 발각된 이 사건은 통진당 소속의 이석기 의원을 중심으로 RO(Revolutionary Organization, 혁명조직)라는 지하 혁명조직을 구성, 암약하다가 검거된 것을 말합니다. 이 사건으로 인해 통진당은 헌재 판결에 따라 해산되었습니다.

　좌파들이 반체제 투쟁에서 체제변혁 투쟁으로 전환한 시기는 2008년 국제금융위기가 닥치고, 2010년에 있었던 지방자치단체 선거에서 좌파정당들이 압승한 데서 비롯되었습니다. 2008년 미국 월가(Wall Street)에서 촉발된 금융위기 여파가 한국에까지 미치자 좌파 정치인들과 지식인들은 그것 보라는 듯이 의기양양한 어조로 서구 선진 자본주의, 특히 미국 자본주의가 드디어 파탄을 맞이했다고 호언하면서 미국 자본주의 체제에 종속되어 있는 한국의 매판자본주의 사회가 가진 자 1%와 갖지 못한 자 99%인 양극 사회가 되었으므로 경제민주화와 무상복지, 보편복지, 부자증세와 대기업 해체가 불가피하다고 주장하기 시작했습니다.

1987년 개헌 당시 헌법에 명시해 놓았던 '경제민주화'는 이때까지 잠자는 뇌관이었습니다. 위와 같은 주장은 사실상 경쟁과 성장 중심의 자유시장 경제체제를 평등과 분배 중심의 평등주의 경제체제로 바꾸자는 경제체제 변혁 요구였습니다.

2010년 지방자치단체 선거에서 압승한 좌파정당들이 연대하여 2012년 대선에서 반드시 승리하여 분단과 반공을 전제로 한 '87년 체제'의 청산과 함께 '2013년 체제'를 출범시켜 이 땅에 평화체제를 구축하고, 민족해방·민족민중자주통일로 나아가자면서 기세를 올렸습니다.

이에 놀라고 위축된 우파정당인 집권 새누리당이 좌파정당들의 상표와도 같은 '경제민주화'를 대선공약으로 내걸고 승리함으로써 한국의 우파정당이 사상 면에서 얼마나 빈곤하고 기회주의적인 체질을 지니고 있는가를 여실히 보여 주었습니다. 그런데 여기서 끝나지 않았습니다. 2014년 새누리당은 유승민 의원을 대표로 하는 67명의 의원 이름으로 '사회적 경제' 법안을 발의하였습니다.

이 법안은 경제민주화를 무색케 하는 국가 주도 공동체 경제를 주요 골자로 하는 전형적인 좌파 법안이었습니다. 결국 새누리당은 우파정당으로서의 정체성을 스스로 포기해버리고 좌파정당에 업혀가는 기생(寄生)정당으로 전락하며, 야당인 좌파정당은 뜻밖의 횡재(橫財)를 한 결과가 되었습니다. 정상이라면 좌파정당이 발의하고 우파정당이 반대했어야 하는 법안입니다.

 2016년 20대 국회가 여소야대(與小野大)가 되고 박근혜 정부의 실수와 실책이 빌미가 되어 집권여당인 새누리당이 분열하면서 대통령이 탄핵을 당하고 제1야당이자 원내 제1당인 더불어민주당은 국회를 장악하다시피 한 상태에서 '사회적 경제' 위원회를 구성, 이들이 그동안 시도해왔던 경제체제 변혁을 위한 태세를 서두르고 있습니다.

 경제체제 변혁은 정치체제 변혁의 준비 단계를 의미합니다. 경제체제 변혁이 이루어지게 되면 정치체제 변혁은 쉽게 이루어질 수 있습니다.

 사회적 경제란 1930년대 이탈리아의 무솔리니가 이끄는 파시스트 정권이 채택했던 조합주의(corporatism) 경제와 유사한 것으로서 흔히 말하는 공동체주의(communalism) 경제라고도 할 수 있습니다. 이 경우 경제운영주체는 개인이 아니라 공동체이고 경제활동 현장은 시장이라기보다 경제협동체들, 즉 다양한 형태의 조합들로서 경제활동 전반은 국가가 계획하고 간섭, 통제합니다.

 공동체주의 경제는 공동체의 이익을 앞세우며 이익을 공유하는 사회주의적 경제에 가깝습니다. 이것은 구(舊)소련에서 스탈린(Stalin)이 시행했던 집단농장이나 중국의 모택동이 시행했던 인민공사(人民公社) 냄새를 풍기는, 실패로 끝난 역사적 유물을 모조(模造)하는 것에 지나지 않습니다.

 정치권이 현행 헌법을 그대로 놔둔 채 사회적 경제법을 만들어 실행하게 되면 심각한 위헌 행위를 하는 결과를 낳게 됩니다. 사회적 경제가 현실이 되면 자유시장경제는 사라지고 평등주의적 공동체 경제가 실현되기 때문에 개인은 공동체의 이익을 위해서 살아가야 하고 국가 경제를 좌우하는 정치 권력자들과 이들의 통제를 받는 관료들의 명령과 지시를 받고 살아가야만 합니다.

사회적 경제를 추진하려는 정치인들은 헌법에 경제민주화가 명시된 것을 두고 합헌적 근거가 있다고 주장할 수도 있으나 이는 본말(本末)이 뒤바뀐 것입니다.

대한민국 체제는 기본적으로 자유주의 체제이므로 어떤 경우에도 자유주의 정신을 훼손할 수 없습니다. 따라서 자유가 평등을 우선하고 평등은 자유를 지킬 수 있을 때만 의미가 있습니다. 예컨대 법 앞의 평등은 개인의 자유와 권리를 지키기 위한 방편으로서 요구되고 강조됩니다. 자유주의 체제 사회에서 개인의 자유와 권리가 거부되는 법 앞의 평등이란 어떤 경우에도 성립되지 않습니다.

경제문제와 관련된 헌법 정신은 경제자유를 위한 경제민주화입니다. 경제자유가 몸통이라면 경제민주화는 꼬리입니다. 경제민주화가 경제자유를 우선하게 되면 이는 꼬리가 몸통을 흔드는 것과 같습니다. 경제민주화는 경제자유로 인해 생겨나는 모순을 사회정의 차원에서 최소화하려는 보조 수단에 지나지 않습니다.

더욱이 헌법에 경제민주화가 명시되어 있다고 하더라도 구체적 실체가 없는 추상적 단어에 불과한 것이 경제자유를 밀어낸다는 것은 상상할 수 없습니다. 당대의 세계사를 조금이라도 알고 있다면 결론은 명확해집니다.

자유자본주의의 모순으로 생겨난 맑시즘이 자유자본주

체제를 소멸하고자 20세기를 통하여 맹위를 떨쳤으나, 결국은 실패하고 퇴화된 모습으로 자유자본주의 체제에 흡수되고 말았습니다. 1930년대 세계 대공황 탈출에 기여한 케인즈의 혼합경제 이론이 대표적 본보기입니다.

 2017년 3월 1일, 서울의 광장을 메운 태극기 군중집회와 촛불군중집회 대결은 체제수호세력과 체제변혁세력 간의 대결이었습니다. 우국심(憂國心)과 분노가 태극기 집회를 뒤덮었고 광기(狂氣)와 증오가 촛불집회를 뒤덮었습니다. 이날의 대결은 1946년 3월 1일 건국을 둘러싸고 민족주의 진영과 사회주의 진영 간에 벌어졌던 대결의 재현이었습니다.
 자유대한민국의 광장 한복판에서 70여 년 전에 있었던 일이 재현되고 있다는 것은 국가의 불행이자 시대의 모순입니다.
 좌파들에게 탄핵정국은 정치적 승리이며 촛불집회는 혁명을 의미합니다. 2012년 대선 정국에서 '2013년 체제' 논리를 제공했던 백낙청은 2017년 봄호 『창작과 비평』에서 촛불집회를 두고 '발본적 체제변환'의 동력이 분출하는 현상이며 '세계적으로 새로운 성격의 혁명'이라고 썼습니다. '발본적 체제변환(拔本的 體制變換)'이란 체제변혁(體制變革)을 현학적(衒學的)으로 표현한 것으로 현 체제인 '87년 체제를 뿌리째 뽑아버리고 그 자리에 자신들이 바라왔던 새로운 체제를 심자는 뜻입니다. 이것은 혁명을 의미합니다.
 평등주의 사회 건설과 주체사상을 받들어 민족민중자주통일 시대를 열어가기 위한 좌파들의 체제변혁 투쟁은 이제 현실이 되었고, 자유주의 체제수호를 위한 우파들의 체제수호 투쟁은 피할 수도, 물러설 수도 없게 되었습니다.

변혁을 꿈꾸는 좌파의 칼끝이 벼랑 끝까지 몰려 있는 우파의 심장을 겨누고 있습니다. 지금의 상황이 건국을 앞두고 벌어졌던 1946년 좌·우 투쟁 현상과 같다고 할 때, 당시의 투쟁 결과로 탄생한 자유대한민국은 제1건국이 되며, 지금의 우파 투쟁은 자유대한민국을 지켜내고 반역과 이적 세력을 완전히 제압하면서 자유평화통일로 나아가는 제2건국 투쟁이 됩니다. 이 투쟁은 끝이 아니라 시작이며, 통일이 이루어질 때까지 계속될 수밖에 없습니다.

역사를 지배하는 자가 현재와 미래를 지배한다

장기적 투쟁을 통하여 체제변혁을 달성하고자 하는 좌파들이 노리는 최종 투쟁전선은 문화(文化, culture)이고 그 중심에 역사(歷史, history)가 있습니다. 문화와 역사는 민족정신 함양과 더불어 국민과 시민 정신을 고무시키고 현재를 지배하며 미래를 좌우하는 변혁 에너지를 만들어내는 결정적 요소로 작용하기 때문입니다.

남한의 좌파들은 이미 광범위한 문화와 역사 공간에서 견고한 진지를 구축한 채 영역을 넓혀가고 있습니다.

공산주의 혁명을 위해 문화 헤게모니 장악과 진지 구축 이론을 만들어낸 사상가는 이태리 공산당의 창당 지도자였던 안토니오 그람시(Antonio Gramsci, 1891~1937)입니다.

레닌(Vladimir Il'ich Lenin, 1870~1924)을 우두머리로 하는 러시아 공산당 지도자들이 노동자를 주축으로 한 프롤레타리아(proletariat, 무산계급)에 의한 폭력과 독재가 혁명 성공의 열쇠라는 이론을 신봉하고 실천한 반면, 그람시는 문화 헤게모니 장악만이 영구적 성공을 보장해줄 수 있을 것이라는 이론을 제시하였습니다.

그가 말한 헤게모니(hegemony)란 패권, 주도권을 의미합니다. 따라서 헤게모니 장악이란 패권 장악, 주도권 장악을 뜻합니다. 그람시는 러시아 혁명 엘리트들이 지도하고 동원하는 프롤레타리아 폭력혁명은 비자발적이고 일방적이며 강제적이기 때문에 한계가 있을 수밖에 없다는 전제 아래 피지배계급, 무산대중으로 하여금 자발적 참여 동기와 혁명의식을 갖게 하는 것만이 혁명의 성공을 영구적으로 보장할 수 있다고 주장하면서 이를 가능케 하는 것이 문화라고 하였습니다.

그가 말한 문화란 소설과 시를 망라한 문학, 미술, 음악, 연극, 영화 등을 포함한 예술, 언론, 출판 등을 비롯하여 종교, 교육, 역사, 심지어 전통까지 아우르는 광범위한 분야를 망라하고 있습니다.

그람시의 문화 헤게모니 장악 이론은 오늘날 남한 좌파들이 문화와 역사의 힘을 빌려 민중으로 하여금 변혁 의식을 갖고 투쟁에 참여토록 유도하려는 '민중 의식화' 과정과 일치합니다. 전교조가 초·중·고등학교 교육현장을 지배하고 각종 교원단체, 문화단체, 노동단체, 시민단체 등과 치열한 연대투쟁을 벌이면서 역사교육 주도권을 장악하려는 것이 단적인 예라고 할 수 있습니다.

그람시의 문화 헤게모니 장악 이론은 20세기 국제공산주의 혁명에 지대한 영향을 끼쳤으며, 특히 모택동을 지도자로 한 중국 공산주의 혁명에 크나큰 영감을 불어넣었습니다.

중국 공산당 혁명군은 초인적인 장정(長征) 과정에서도 혁명사상을 고취하고 인민대중을 의식화하기 위해 교육, 문화, 예술 활동을 소홀히 하지 않았습니다. 대재앙을 남기고 끝난 문화대혁명은 표면상 정치·사상적 투쟁이었으나 그 본질은 문화투쟁이었습니다.

모택동은 중국 인민의 의식 속에 남아 있는 부르주아 근성을 완전히 없애고 중국사회에 잔존하고 있는 부르주아 문화 요소와 반봉건적 잔재를 일소하고자 중국문화의 상징이라고 할 수 있는 공자(孔子)와 관련된 흔적까지도 서슴없이 파괴하는 과격성을 연출하였습니다.

남한사회에서 문화 헤게모니 장악을 위해 투쟁을 선도하고 있는 주체는 전교조(全敎組)입니다. 전교조란 전국교직원노동조합의 약칭입니다. 전교조는 민주화 바람에 편승하여 1987년 출범한 '전국교사협의회'를 전신으로 하여 1989년 창립되고 김대중 정부 때인 1999년 합법화되었습니다. '전국민주노동조합총연맹(민노총)'을 상급 단체로 하고 있으며 조합원수 5만 명~6만 명으로 추정되는 가장 거대하고 투쟁적인 지식인 노동단체입니다.

전교조는 민족, 민주, 인간화 교육에 목적을 두고 창립되었으며 참교육 실천을 내세웠습니다. 인간화 교육이란 민중의식을 갖춘 인간을 길러내는 것을 말합니다. 이들은 교사가 사회변혁의 주체임을 내세워 정부로부터 교육 주도권을 탈취하여 교육현장을 지배함으로써 학생들로 하여금 경쟁을 죄악시하고 평등의식을 존중하도록 만들면서 민중의식을 갖게 하여 분단과 반공체제, 친일·친미 체제, 반식민지 매판자본주의 체제에 대한 비판의식과 저항의식을 갖는 미래의 체제변혁 일꾼, 통일 일꾼을 길러내는 데 주력하고 있습니다.

이들이 강조하는 민중(民衆, the masses)이라는 단어는 사회주의자들이 사용하는 계급적 용어로서 자유주의자들이 사용하는 비(非)계급적 용어인 국민(people)이나 시민(citizen)과는 전혀 다른 의미를 지닙니다. 정치적으로 억눌린 자, 경제적으로 착취당하고 있는 자, 역사 과정에서 소외된 자를 말합니다.

민중이 집단적이고 소외된 약자의 의미가 강한 반면 시민은 개인적이고 시민사회 구성원이라는 의미가 강하며, 국민이란 시민통합체를 뜻합니다.

한국사회에서 정치적으로 억압받는 자는 없습니다. 경제적 빈곤층은 있으나 고용주가 근로자를 경제적으로 착취하는 것은 법으로 금지되어 있습니다.

오히려 집단의 힘으로 법 위에 군림하거나 고용주와 정부를 겁박하고 압박하는 현상이 벌어지기도 하고 귀족노조가 실재하고 있는 것이 한국사회입니다.

역사 과정에서 소외된 자들이란 대한민국 건국과 자유주의 체제를 반대함으로써 불이익을 받았거나 소외당한 자들을 말합니다. 민중이란 단어가 좌파들의 투쟁 공간에서 등장한 계기는 1974년 '전국민주청년학생총연맹(민청학련)'이 발표한 '민족, 민주, 민중 선언'입니다. 민중역사, 민중문학, 민중예술, 민중미술, 민중신학, 민중경제와 같은 표현은 민중을 중심에 둔 역사, 문학, 예술, 미술, 신학, 경제를 뜻하며, 정치에 있어서 '민중민주주의'는 민중계급에 속하지 않는 계급을 철저히 배제한 민중독재 의미가 강하고 사회주의 국가에서 말하는 '인민민주주의'에 가까운 표현입니다.

경제민주화가 경제자유화에 대한 대칭 개념인 것처럼 민중민주주의는 자유민주주의에 대한 적대적 개념입니다.

전교조는 출범 당시부터 역사·교육 헤게모니 장악을 중요시했습니다. 이유는 명백합니다. "과거 역사를 지배하는 자가 현재를 지배하고 미래를 좌우한다."고 믿기 때문입니다.

전통적으로 맑시스트나 사회주의자들은 기존의 역사를 부

르주아 사관, 또는 식민사관에 입각한 역사라고 해서 비판하거나 부정하면서 혁명을 시작하고, 혁명에 성공하면 역사를 유물사관, 민중사관에 입각하여 개조하거나 왜곡, 날조합니다. 북한이 그러하고 남한 좌파들 역시 같은 입장을 취하고 있습니다.

1945년 일제 식민지로부터 해방되었을 때 우리에겐 역사 교과서가 없었고 역사 관련 고고학적 자료들도 빈약했습니다. 더욱이 분단은 민족 차원의 단일 역사 서술을 불가능하게 했습니다. 따라서 분단과 건국 당시부터 역사 서술을 둘러싼 시비와 논쟁의 씨앗은 이미 잉태되어 있었습니다.

남한사회에서 실증주의 사관, 민족주의 사관, 민중주의 사관, 유물주의 사관을 둘러싼 충돌은 불가피했고 좌파들에 의한 체제변혁 투쟁이 본격화되면서 주도권 장악을 위한 다툼은 더욱 치열해질 수밖에 없었습니다.

최초의 시비와 논쟁은 1976년 상고사(上古史) 서술을 두고 벌어졌습니다. 이것은 실증주의 사관과 민족주의 사관의 충돌이었습니다.

안호상을 중심으로 한 민족주의 사관을 지닌 재야 사학자들이 실증주의 사관을 지닌 이병도 등 체제 학자들을 향하여 일제 강점기 조선사편수회에 참여했다는 사실을 근거로 친일파, 식민지사관론자, 민족반역자라는 비판의 포문을 열었습니다. 안호상은 1978년 국사교과서 내용 중 상고사와 관련된 8개 시정 요구사항을 정부에 제출하고 민족정신 함양을 위해서라면 단군과 관련된 신화적 요소라든가, 고고학적 자료가 부실하더라도 교과서에 포함시켜야 한다고 주장하였으나, 1980년대 초 어정쩡한 봉합으로 일단락되었습니다.

1980년대 후반에 들어서면서 민족주의적, 민중주의적 입장을 지닌 재야학자들이 민주화 바람을 타고 '민족사 바로잡기 국민회의(1986)'를 조직하고 '역사문제연구소(1986),' '한국사연구회(1988)' 등을 만들어 식민주의 탈피와 민족 자긍심을 고취하고 통일 욕구를 고무하기 위하여 민족중심, 민중중심, 좌편향 역사 서술을 강조하고 중·고용 근현대사 교과서 집필과 검정에 직·간접으로 깊이 관여해 왔습니다.

　한국 근현대사 논쟁은 1997년 제7차 교육과정에서 '한국근현대사' 과목이 신설되고 1998년 검정도서로 결정되어 국정과 뒤섞이면서 시작되었습니다. 2001년 검정위원 10명의 심의를 거쳐 2002년 발표된 근현대사 교과서 6종이 김영삼 정부는 부정적으로, 김대중 정부는 긍정적으로 서술되고 대한민국 정부를 부정적으로, 북한 정권을 감싸는 내용으로 서술하였다는 지적을 받으면서 좌경화 논란이 생겨났습니다.

　이 시기는 좌파정부 집권 기간이었기 때문에 정부 당국이 결정한 집필진과 검정위원 선정은 당연히 좌파적 성향을 지닌 학자들이 다수일 수밖에 없었으므로 예견된 결과였습니다. 이때부터 근현대사 교과서는 좌편향의 사상 요소와 좌파 정부의 정치적 요소에 의해 영향을 받게 되고, 문제해결은 더 어렵고 복잡하게 되었습니다.

　시비를 종식시키기 위해 '한국 근현대사' 과목이 '한국사'로 명칭이 바뀌고 국정 체제가 완전한 검정 체제로 바뀌면서 2010년 교학사 교과서를 포함한 8종의 '한국사' 교과서가 검정을 통과했으나, 전교조를 비롯한 좌파단체들이 자신들이 받아들일 수 없는 내용이 담겨 있다는 구실로 교학사 교과서 채택을 조직적으로 방해한 결과 전국 대상학교 중 오직 한 곳만 채택함으로써 사실상 퇴출당했습니다.

그러나 채택된 나머지 7종 역시 종전과 큰 차이가 없다는 좌편향 시비가 계속되자 박근혜 정부가 국정 역사교과서 방침을 세우고 새롭게 한국사 교과서를 만들어냈습니다. 그런데 탄핵 정국과 맞물리면서 한 발 물러선 정부는 국정교과서 적용을 1년간 유예하고 모든 중·고등학교를 대상으로 연구학교 신청을 받아 지정이 되면 국정 역사교과서를 주교재로 사용하도록 했으나 격렬한 반대에 직면하여 전국적으로 오직 한 개 학교에서만 채택하고 지정받는 일이 발생하였습니다.

이러한 현상은 자연발생적으로 생겨난 것이 아니라 전교조를 비롯한 좌파단체들에 의한 조직적 압박과 겁박으로 인해 생겨난 결과였습니다.

표현의 자유를 전유물인 것처럼 내세우는 좌파들이 자신들의 견해와 다른 그 어떤 역사 서술도 거부할 뿐 아니라 학교의 자율적 선택권까지 집단적으로, 조직적으로 방해하고 저지하는 것은 다원주의와 다양성을 중시하는 자유민주주의 사회에서는 있을 수도 없고 상상할 수도 없는, 무솔리니 와 히틀러 시대에나 가능했던 행태입니다.

전교생이 600여 명인 경북 경산시 문명고등학교는 2015년 기준 전국 5,564개 중·고등학교 중에서 유일하게 국정교과서를 채택하고 정부로부터 연구학교 지정을 받아 2017년 3월 20일부터 수업할 예정이었으나 좌파단체가 대구지방법원에 제출한 '연구학교 지정 처분 효력정지' 신청이 받아들여짐으로써 중단할 수밖에 없게 되었습니다.

문명고등학교는 지난 3월 2일 입학식마저 취소해야만 했습니다. 20여 명의 학부모를 앞세운 전교조를 비롯한 좌파단체들의 방해가 있었기 때문입니다. 이 학교 김태동 교장의 증언에 따르면 2017년 2월 13일 경산지역 민노총 관계자가 전화상으로 "국사교과서를 채택한다던데 사실이냐? 만약 하게 되면 가만있지 않겠다."고 했고 2월 16일에는 전교조 및 민노총 요원과 학부모 등 10여 명이 반대 현수막과 나무피켓을 들고 사전 연락도 없이 무단으로 교장실로 몰려와 항의를 하고 이사장에게까지 욕설을 퍼부었습니다.

김태동 교장은 자신의 블로그에 올린 〈민주주의 실종〉이라는 제목의 글에서 "우리 중에 누가 군중의 몰매를 맞아 억울한 일을 당할지도 모르는 사회가 될까 불안하다."면서 "시위를 하면 법에 따라 교장이 이미 결정한 정책도 폐지될 것이라는 생각이 어디에 근거하는지 의문이다."라고 하였습니다.

문명고등학교는 교사 37명 중 27명인 73%의 찬성을 받고 학교운영위원회의 가결을 거쳐 국정 역사교과서 선택을 결정한 것임에도 지역 좌파단체들이 연대하여 압력을 가하고 협박을 하면서 저지투쟁을 벌였습니다.

이들은 "불량 교과서로 교육활동을 진행하면 강력 대응하겠다."는 투쟁 포고를 서슴지 않음으로써 일반 학부모들로 하여금 공포감을 느끼게 만들고, 해당 과목 교사들을 주눅 들게 만들고, 이사장과 교장을 비롯한 학교 직원들이 혐오감과 모욕감을 느끼게 만들어 스스로 손을 떼고 물러나게 만들려는 수법을 동원하였습니다.

좌파들의 투쟁으로 국정 역사교과서 채택이 전무(全無)하게 되자 어느 좌파 일간지는 교사, 학부모, 학생들의 요구인 만큼 정부는 대국민 사과를 해야 한다는 사설을 실었습니다. 이것은 소수가 전체를 대표하는 다수인 것처럼 포장하고 정당성이 마치 자기들에게 있는 것처럼 기만하는 데 익숙한 좌파들의 상투적 투쟁 방식입니다.

2017년 국정 역사교과서 채택 문제를 둘러싸고 벌어진 일련의 사태는 박근혜 대통령 탄핵 사태 이상으로 심각하게 다루어야 할 문제입니다. 탄핵은 개인의 문제이면서 한때의 문제이나 역사교과서는 학생 전체의 문제이자 국민과 시민의 역사관을 좌우하는 문제이기 때문입니다.

우리가 이번 국정 역사교과서 채택 문제를 둘러싸고 벌어진 사태를 통하여 다시 한 번 확인할 수 있게 된 것은 대한민국 우파 정부의 사상적 빈곤 현상과 무기력함, 법원의 기회주의적 결정과 전교조를 위시한 좌파단체들의 파시스트적 투쟁 모습입니다.

공안 출신 대통령 권한대행 총리와 교육부 수장이 최초 계획대로 국정 역사교과서를 일선 학교에 바로 적용하지 않고 1년간 유예 기간을 두면서 기존의 검정 역사교과서 중 하나를 선택과목 비슷하게 선택하도록 한 조치는 탄핵 정국을 염두에 두고 다음 정부에 떠넘기려는 지극히 기회주의적인 결정일 수밖에 없습니다.

자유주의 체제를 지키고 학교 자율과 선택권을 존중해야 할 법원 판사가 학교 당국이 정당하고 민주적인 절차를 통해 결정한 것을 소수 학부모를 앞세운 좌파단체들의 요청을 받아들여 '연구학교 지정 처분 효력정지' 결정을 내렸다는 것은 법의 힘을 빌려 선택의 자유권을 유린한 행위입니다. 결국 국정교과서 문제는 2017년 새로운 정부가 출범하면서 없었던 일이 되고 말았습니다.

역사란 함부로 가감하고 쉽게 고쳐 쓸 수 있는 것이 아닙니다.

역사란 사상 투쟁이나 변혁 투쟁을 위한 무기가 되어서도 안 됩니다. 민족정신 함양을 구실로 역사에 신화라는 옷을 입힌다거나 분단의 영향을 받아 사상적인 색칠을 한다거나 세속적인 유혹을 받아 정치적 도구로 악용하게 되면 역사는 왜곡되거나 훼손되어 복원이 영원히 불가능해집니다.

역사란 시비와 논쟁이 영원히 계속되는 속성을 지니고 있는 학문입니다. 개인적 관점, 시대적 관점, 역사적 관점에 따라 해석이 달라질 수 있기 때문입니다. 시비와 논쟁은 피할 수 없지만 학계가 인내심을 갖고 실증적 자료들을 끊임없이 찾아내고 지속적인 고고학적 발굴을 통하여 기존의 역사 내용을 보완해가야 하고, 일본, 중국을 비롯한 인접 국가들로부터 관계되는 자료들을 광범위하게 수집하고 검토해가는 노력을 아끼지 말아야 하는 학문이 역사입니다.

미국, 영국, 독일, 프랑스의 역사학자와 고고학 전문가들은 지금도 서구문명의 모태인 고대 그리스 문명을 탐색해내기 위해 그리스 정부의 도움과 지원을 받아가며 유적 발굴 작업을 하고 있으며, 새로운 것이 발견되고 확인될 때마다 역사와 관련된 퍼즐(puzzle)을 맞추어 내려고 함께 노력하고 있습니다.

역사 서술에 있어서 비사실적이고 신화적인 것을 통하여 민족의 우월성을 강조하거나, 배타적인 민족주의 관점으로 민족 자긍심을 고취하거나, 적대적 편협성을 드러내거나, 한때의 정치·사상적 영향을 받게 되면 언젠가는 다시 쓰게 되어 역사는 홍역을 치르고 홍역을 치를 때마다 역사는 훼손되거나 왜곡되며 진실은 가려지게 마련입니다.

우리는 통일이 되면 민족사를 다시 써야 하는 숙명을 지니고 있습니다.

　현재 정부와 역사학계가 범하고 있는 가장 큰 실수는 이해 당사자들이 살아 있고, 이해 당사자들 간의 견해와 관점이 첨예하게 충돌하고 있는 상태에서 근현대사를 서술하며 가르치고 있는 것입니다.

　역사란 서로 얽혀 있는 이해 당사자들이 모두 죽은 다음에 가서야 기록하는 것이 철칙입니다. 그렇지 못하고 권력주체들, 학문적 이기주의자들이 정치사회적 필요와 학문적 주도권 다툼이 영향을 미치고 있는 상황에서 당대 역사를 기록하는 것은 건전한 시비와 논쟁을 어렵게 하고, 전부(全部)가 아니면 무(無)를 향한 대격돌 현상만을 초래할 뿐입니다.

　이 점에 있어서 우리는 '왕조실록'을 남긴 조선시대 지도자들이나 학자들보다 훨씬 뒤떨어져 있음을 통절하게 반성해야 합니다. 문제 해결 방안은 자명합니다. 근현대사 교과서를 반복하여 수정하고 가르칠 것이 아니라 교과서 제작과 교육을 즉각 중단하는 것입니다.

　근현대사 과목 신설은 출발부터 정치적·사상적 의도가 작용했기 때문에 의도 자체가 불순했습니다. 신설 과목이 생겨나면 해당 과목과 관련된 교사 자리가 늘어날 것이라는 이기적 계산과도 무관하지 않을 것이며, 좌편향 서술을 포함시킴으로써 학생들의 생각을 바꿀 수 있을 것이라는 목적의식도 작용했을 것입니다.

　좌편향 근현대사 교과서는 이미 좌파들의 투쟁 도구가 되고 있습니다. 현재와 같은 상황이 계속되는 한 결과는 불을 보듯 분명합니다. 좌파정부에서 만들어진 근현대사 교과서는 우파 정부가 들어서면 다시 쓰고, 우파 정부에서 만들어진 근현대사 교과서는 좌파정부가 들어서면 폐기되거나 다시 쓰는 운명을 피할 수 없게 됩니다.

  역사는 양보하거나 타협할 수 없는 것이며, 어떤 대가를 치르더라도 지켜가야만 하는 대상입니다. 역사를 빼앗긴다는 것은 모든 것을 빼앗긴다는 의미입니다. 우리 민족은 이미 20세기에 한 차례 경험한 바가 있습니다.

올바른 개헌의 길

 입헌민주공화국이란 헌법을 갖추고 있는 민주공화국을 말합니다. 대한민국 역시 입헌민주공화국이므로 헌법을 갖추고 있습니다. 헌법이란 인체의 골수(骨髓)와 같습니다.
 골수가 피를 만들어내고 인체에 공급함으로써 인간이 생명체로서 활동할 수 있는 것처럼 헌법은 한 국가의 존립(存立) 근거가 되고 국가 발전을 뒷받침하며 국민 개개인의 삶을 좌우하는 모든 제도와 법률과 규정을 만들 때 기준이 되는 근원적 바탕입니다.
 골수가 병이 들면 인체가 망가지는 것처럼 헌법이 나쁘거나 부실하면 국가도 망가지거나 피폐해집니다. 헌법은 국가가 소유하고 있는 문서 중에서 가장 중요한 문서이고 사상적 문서이자 국민의 문서입니다.
 그런데 대다수 국민들은 헌법이란 법률적 문서이며, 정치인들과 법률가들의 문서로 오해하고 있습니다.

 지금 헌법은 1987년 아홉 번째로 고쳐진 헌법입니다.

 헌법이 다시 고쳐질 때마다 그러했던 것처럼 당시에도 절박했던 정치적 격돌 속에서 국민은 소외된 채 정파 간의 타협으로 새로운 헌법을 만들었습니다. 주요 골자는 대통령 직선제였습니다. 이것보다 더 중요한 것들이 방치되거나 더 나쁜 조항이 추가되기도 했습니다.

'87년 헌법은 그나마 수명이 다했고 부실하고 나쁜 헌법이라고 할 수 있습니다. 오늘날 한국 정치사회가 혼탁하고 혼란스러운 것도 헌법과 직접적인 관계가 있습니다. 1948년 제헌 이래 아홉 번에 걸친 개헌의 역사는 권력구조와 대통령 선거방식에 초점이 맞추어져 있었을 뿐 보편 가치에 근거하는 자유주의 체제 실현과 삼권분립에 따르는 견제와 균형(checks and balances)의 원리 구현에 대한 인식과 노력은 부족하였습니다.

지금처럼 부실하고 나쁜 헌법에 의존하는 한 선진국에 도달하는 것은 영원히 불가능할지도 모릅니다. 개헌은 더 이상 미룰 수 없는 시대적 요청이자 국가의 당면과제입니다.

20대 국회가 시작되면서 개헌 논의가 활발해지고 있으나 개헌을 주장하는 정치인, 학자, 언론인들의 발상은 과거와 조금도 달라진 것이 없습니다. 헌법이 내포하고 있는 최대 모순이 마치 제왕적 대통령 요소인 것처럼 거론하면서 개헌을 하자는 것은 헌법이 지니고 있는 중대한 결함과 모순에 대해 무지하다는 사실을 스스로 고백하는 것과 같습니다.

행정부, 입법부, 사법부, 검찰은 물론이고 지방자치와 관련된 문제, 경제 관련 조항에 이르기까지 전반적으로 손질을 하지 않으면 아무런 의미가 없습니다. 나쁜 개헌, 불완전한 개헌은 하지 않는 것보다 더 나쁜 결과를 초래할 수도 있으므로 신중하지 않으면 안 됩니다.

개헌은 미룰 수 없는 국가적 과제이지만 졸속으로 해서도 안 되고 문제점들을 정확히 알고 나서 해야만 합니다.

현행 헌법으로 정치 발전을 기대한다는 것은 환상입니다. 고비용, 저효율, 무책임 정치를 극복하고 저비용, 고효율, 책임

정치를 실현하려면 개헌은 불가피합니다.

　제왕적 행정부, 제왕적 대통령 문제를 해소하려면 개헌을 해야 하지만 이것만이 가장 큰 이유는 아닙니다. 국회가 제 기능을 다하고, 국정의 중심무대가 되려면 개헌은 불가피합니다. 군림하는 관료행정편의주의를 극복하고 봉사행정을 구현하려면 개헌을 해야 합니다.

　경제 분야에서 평등주의 요소를 제거하고 재산권 보호와 함께 개인과 기업의 역할을 극대화함으로써 글로벌 시대 국제시장에서 경쟁할 수 있는 자유시장경제 체제를 갖추려면 개헌을 해야 합니다.

　다양하고 다원화된 지방화 시대, 독자적이고 개성 있는, 역동적인 지방자치 시대를 열어가면서 중앙과 지방의 균형 잡힌 발전을 도모하려면 개헌을 해야 합니다.

　사법부와 검찰이 국가주의와 관료주의의 폐습에서 벗어나고 정치권력과 여론의 영향에서 벗어나 진정한 독립을 구현함으로써 공정한 수사와 재판이 보장되는 법치사회를 실현하려면 개헌을 해야 합니다.

　삼권분립 원칙을 바탕으로 견제와 균형의 유지를 중시하는 입헌 자유민주공화국 체제를 견고히 하여 선진국이 되고 자유통일을 달성하려면 개헌은 반드시 이루어져야 합니다.

　제헌에 버금가는 개헌을 통하여 좋은 헌법을 마련하는 것이 우리의 간절한 바람입니다. 좋은 헌법이란 인류 보편의 가치를 중심에 둔 헌법, 삼권분립과 함께 견제와 균형의 원리가 이상적으로 갖추어진 헌법을 말합니다. 그러나 우리 헌법은 이 두 가지 조건을 제대로 갖추지 못하고 있습니다.

헌법 첫 머리에 서술되어 있는 것이 헌법 전문(前文)입니다. 헌법 전문은 헌법 정신을 담고 있기 때문에 헌법 전체에 걸친 흐름을 가늠하는 기준이 되고, 제정 당시 직접 참여했던 정치인들, 법률가들, 학자들의 사상과 지적 수준을 나타냅니다.

대한민국 헌법 전문에는 임시 정부 법통과 4·19 정신은 강조되어 있으나 보편 가치와 관련된 단어는 목적이 아니라 수단이나 전제조건인 것처럼 표현되어 있습니다. 정의는 민족 단결을 도모하기 위한 수단인 것처럼, 자유와 권리는 책임과 의무 완수를 위한 전제조건인 것처럼 서술되어 있습니다.

헌법 전문은 자유주의 사상을 강조한 것인지, 평등주의 사상을 강조한 것인지 의미조차 분명치 않고 자유주의 체제의 근본인 개인주의보다 평등주의 체제에서 강조되는 집단주의나 공동체주의의 냄새가 진하게 풍기고 있습니다. 삼권분립이나 견제와 균형에 대한 언급은 한 마디도 없습니다.

개헌할 때 우리가 주권자 입장에서 관심을 가져야 할 첫 번째 문제는 행정부, 입법부, 사법부 간의 권력분립과 독립성, 그리고 상호견제와 균형관계이고, 검찰의 중립성 문제입니다.

대한민국 정부는 제왕적 행정부, 부실하고 견제 받지 않는 입법부, 권위주의적이고 관료주의적인 사법부와 권력 하수인으로서의 도구 역할을 하는 검찰의 집합체이고 삼권분립 및 견제와 균형의 원칙은 흉내만 내고 있습니다.

우리 귀에 익숙한 '제왕적 대통령'이란 틀린 표현이고, '제왕적 행정부'라고 해야만 정확한 표현이 됩니다.

대통령이 제왕적이기 때문에 제왕적 행정부가 되는 것이 아니라 제왕적 행정부의 수장(首長)이기 때문에 제왕적 대통령이 되고 있습니다.

　대한민국 대통령은 권력을 남용하거나 법을 어기지 않고 헌법에 명시된 권한만 정상적으로 행사하여도 제왕적 위력을 발휘할 수 있게 되어 있습니다. 행정부가 행사할 수 있는 권한이 바로 대통령이 행사할 수 있는 권한이기 때문입니다.

　이렇게 된 결정적 이유는 행정부가 입법부의 고유권한에 속하는 법안제출권, 예산편성권, 세입세출과 관련된 회계감사권을 갖고 있기 때문입니다. 이 권한들은 입법부가 독립적으로 행사해야 하는 핵심적 권한들로서 행정부를 견제하고, 행정부와 입법부 간의 권력분립과 균형을 유지할 수 있게 해주는 가장 중요한 제도적 장치입니다.

　여기서 우리는 헌법 작성에 참여했던 인사들이 지녔던 삼권분립 및 견제와 균형이라는 대원칙에 대한 인식과 지식의 한계를 발견할 수 있습니다. 뿐만 아니라 행정부에 속하면서도 정치중립을 지켜야 하는 감사원, 경찰, 검찰, 정보기관, 국세청과 같은 고도의 중앙통제력을 갖는 국가 권력기관들이 대통령의 통치를 뒷받침하는 후진적 전통을 유지해 왔습니다.

　대통령 중심체제의 원조(元祖) 국가인 미국은 건국 당시부터 입법권, 예산권, 감사권을 의회가 독립적으로, 배타적으로 행사하고 있습니다. 미국 건국 지도자들이 인류 역사상 처음으로 성문헌법을 만들고 입헌민주공화국을 세울 때 가장 고심했던 것은 폭군이나 전제군주 같은 독재자 출현을 방지하는 문제였습니다. 이를 위해 창출해낸 것이 삼권분립 및 견제와 균형의 원칙이었고, 지금도 철저히 지켜지고 있습니다.

　우리나라 행정부의 법안 처리 능력은 입법부의 법안 처리 능력보다 훨씬 앞서고 있습니다. 정부 법제처는 국회 내의 법안 처리기구보다 체계적이고 인력도 훨씬 전문적인 역량을 갖추고 있습니다. 때로는 행정부 주도 입법이 입법부 주도 입법보다 앞설 때가 있습니다.

자본주의 국가에서 세입·세출, 즉 돈 문제만큼 중요한 것은 없습니다. 입법부가 정부예산을 결정하면 행정부가 집행하고 집행 결과에 대한 회계감사는 입법부가 하는 것이 일반적 원칙입니다. 우리나라는 이 원칙을 완전히 무시하고 있습니다.

예산편성권을 독점하고 있는 행정부가 예산을 편성해서 국회에 넘기면 국회는 이를 심의·확정만 하도록 헌법에 명시하고 있습니다. 국회는 행정부 동의 없이 편성 안에 포함되어 있는 지출항목의 금액을 증가하거나 새로운 비목을 추가할 수 없습니다. 이것은 곧 국회는 정부예산안에 도장이나 찍어주는 역할만 해야 한다는 것을 의미합니다.

예산집행 결과를 대통령 통제를 받는 감사원이 감사한다는 것은 내가 지출한 내용을 내가 감사하는 것과 같습니다. 일반 기업도 사내(社內) 감사를 두고 있지만 외부 회계감사기관의 감사를 받아야 하고, 감사 결과를 국세청에 보고하도록 법에 정해져 있습니다. 하물며 행정부가 국회로 넘긴 예산안이 확정되어서 넘어오면 이를 집행하고, 집행 결과까지 감사한다는 것은 언어도단이며, 견제를 받지 않는 행정부, 제왕적 행정부를 만드는 원인이 되고 있습니다.

헌법은 감사원을 대통령 통제 아래 두고 국가의 세입·세출의 결산, 국가 및 법률이 정한 단체의 회계검사와 행정기관 및 공무원의 직무에 관한 감찰을 하도록 명시하고 있습니다.

감사원을 대통령 통제 아래 둔 것은 제헌 당시 정치인들의 수준과 정치상황의 영향을 받았기 때문이지만, 1948년 심계

원 출범 당시 대한민국의 예산 규모는 149억 원으로 지금의 대기업 수준에도 미치지 못했습니다.

2017년 연간 예산은 400조 원이 넘고 정부의 공무원 수는 100만 명이 넘습니다. 1,000여 명밖에 되지 않는 감사원 직원들이 연간 400조 원을 사용하는 수많은 국가기관의 회계를 감사하고 100만 명이 넘는 공무원들의 직무를 감찰한다는 것은 불가능합니다.

대통령 중심 권력구조를 유지하는 한 행정부가 행사하고 있는 법률안 제출권을 폐지해야 하고, 예산편성권을 입법부로 넘겨야 하며, 감사원을 폐지하고 세입·세출과 관련된 회계감사권도 국회로 넘겨야 합니다.

이렇게 되었을 때 행정부와 입법부 간의 권력분립은 물론 견제와 균형의 원칙이 정상적으로 작동하게 됨으로써 제왕적 행정부, 제왕적 대통령이라는 구조적 모순이 원천적으로 해소될 수 있습니다. 또한 이와 병행하여 경찰, 검찰, 국세청, 정보기관과 같은 권력기관들이 정치적 중립을 지키지 않을 수 없도록 세밀하고 치밀한 제도적 장치를 마련해야 합니다.

여기서 자명해지는 것은 개헌과 관련해서 이원정부(二元政府) 구조의 정부 형태를 갖자는 정치권의 주장이 얼마나 잘못된 것인가 하는 점입니다.

대통령 권한을 둘로 나누면 제왕적 대통령 문제가 해소된다는 이원정부 주장자들의 주장은 실체(實體)를 보지 못하고 실체의 그림자만 보고 주장하는 것과 같습니다. 실체란 제왕적 행정부 권한을 뜻하고, 그림자란 대통령이 행정부 수장으로서 그러한 권한을 행사하는 것을 말합니다. 따라서 모순의 실체는 행정부지 대통령이 아닙니다.

　삼권분립 및 견제와 균형을 유지하는 정신은 행정부, 입법부, 사법부가 헌법에 명시된 권한을 배타적으로, 집중적으로 행사하는 것을 보편적 원칙으로 하고 있습니다. 대통령으로 하여금 외교, 국방을 책임지게 하고 총리로 하여금 나머지 내치 분야를 책임지게 하자는 것은 제왕적 행정부 권한을 둘로 나눠 갖자는 것일 뿐 행정부가 갖고 있는 제왕적 권한은 그대로 남기 때문에 문제의 근본 해결은 불가능하고, 오히려 국정 운영을 더 복잡하게 만듭니다.

　외교·국방이 나머지 내치 분야와 관계가 없는 것처럼, 대통령과 총리 간에 아무런 문제도 발생하지 않는 것처럼 생각하고 전제하는 것만큼 잘못되고 어리석은 발상은 없습니다. 외교·국방과 관련된 인력이나 예산·정책 문제는 내치 분야와 떼어놓을 수 없는 상관관계를 갖고 있습니다. 대통령이 총리와 내각이 수용할 수 없는 인력과 예산 증감을 요구하거나, 독자적인 정책, 특히 대북관계 정책을 추진하려고 할 때 충돌은 피할 수 없게 됩니다.

　이미 우리는 1960년 장면 정권 때 뼈아픈 경험을 한 바 있습니다.

　4.19 직후 민주당 주도로 내각제 개헌을 하고 새로운 헌법에 따라 국회가 대통령과 총리를 간선으로 선출하고 대통령은 상징적 국가원수로, 총리는 내각을 이끌면서 국정을 책임지도록 하였으나, 1년 만에 5.16 군사혁명으로 무너졌습니다.

　당시 윤보선 대통령과 장면 총리는 같은 당 소속이었으

나 파벌이 달랐습니다. 이들은 정치 주도권과 정치적 이해관계를 둘러싸고 사사건건 충돌하였습니다. 윤보선 대통령은 자칭 정신적 대통령으로 자처하면서 장면 총리를 낮춰보려고 하였습니다. 하물며 현재 이원정부를 주장하는 인사들이 공통적으로 제시하고 있는 것처럼 직선 대통령, 간선 총리 구도가 되었을 때, 어떤 현상이 생겨날 것인지를 예측하는 것은 어렵지 않습니다.

더욱이 타협이 없는 정치 풍토에서 직선 대통령과 간선 총리의 당 소속이 다를 때, 어떤 현상이 벌어지겠습니까? 직선 대통령이 정치적 우월성을 앞세워 총리와 갈등하고 충돌할 때 국정 표류와 마비를 피할 수 없다는 것은 불을 보듯 뻔합니다. 이렇게 되면 국민은 또 다시 개헌을 요구할 수밖에 없을 것입니다.

대한민국 입법부인 국회는 얼핏 보면 무엇이든지 다할 수 있는 것처럼 보이지만 다시 들여다보면 어느 것 하나 제대로 할 수 있는 것이 없는 것처럼 보입니다. 그런데 견제도 받지 않고 있습니다.

법안제출권은 행정부와 공유하고 있으며, 예산편성권과 세입·세출 회계감사권이 없는 입법부가 행정부를 견제하고 독립된 입장에서 균형을 유지한다는 것은 불가능합니다.

그럼에도 불구하고 국정감사를 통하여 무소불위의 권력을 행사하면서 매년 막대한 국가적 낭비를 반복하고 있습니다. 지구상에서 대한민국 국회에서만 실시하고 있는 국정감사는 가장 비생산적이고 가장 비민주적인 특권 제도입니다.

이러한 구조적 모순 해결은 개헌을 통해서만 가능합니다.

개헌을 통하여 입법부로 하여금 배타적이고 독자적인 법안 제출과 입법 기능, 예산편성과 심의확정 기능, 세입·세출에 대한 회계감사 기능을 갖도록 해야 합니다. 이것은 당연히 국정감사와 감사원 폐지를 전제로 합니다.

이상적인 본보기라 할 만한 미국의 예를 참고할 필요가 있습니다.

미국 의회는 의회조사국, 의회예산처, 연방회계감사원을 두고 있습니다.

의회조사국(CRS, Congressional Research Service)은 800여 명의 전문 인력이 법안과 정책 입안을 돕고 있습니다.

우리 국회도 2007년 이것을 본떠서 국회 입법조사처를 설립하였으나 전문 인력 면에서 행정부의 법제처에 비하면 역부족입니다.

의회예산처(CBO, Congressional Budget Office)는 235명의 전문 인력으로 구성되어 예산을 편성하고 경제관계 정보와 데이터를 제공합니다. 대통령 통제를 받는 예산국(OMB, Office of Management and Budget)과 연간 지속적인 협력을 합니다. OMB는 정부예산 집행 관련 업무를 다루면서 정부 낭비를 막고 각종 정부 규제 문제를 다룹니다.

연방회계감사원(GAO, Government Accountability Office)은 1921년 의회 내에 설치된 연방정부에 대한 최고 감사기구입니다.

3,350명으로 구성된 GAO는 회계감사(audit), 정책평가(evaluation), 조사(investigation) 업무를 통하여 연방정부의 책무성(責務性, accountability)을 점검·확인함으로써 정부의 낭비

를 방지하고 효율성을 높여야 하는 헌법적 책임을 수행합니다. 이는 곧 입법부가 지닌 국정 전반에 대한 감시와 행정부, 사법부에 대한 견제 기능을 말합니다.

GAO는 연중 감사활동을 통하여 연방정부에 의한 공공지출 전반을 확인·점검하고 적절성과 낭비 여부, 이와 관련된 시정사항 및 참고사항을 대통령과 의회에 보고합니다.

GAO가 제출하는 연간 보고서는 900여 건에 달하며, 이중에서도 '연방정부 재정보고서'와 적자문제를 포함한 향후 5개년에 걸친 '연방정부 재정전망보고서'가 가장 중요합니다.

사기, 낭비, 남용과 같은 범죄 관계 감사 및 조사와 더불어 국가안보 취약성 평가를 실시하고, 기술평가(TA, Technology Assesment) 기능까지 갖추고 있기 때문에 사이버 안보(cyber security)와 관련된 실험 프로그램을 기술적으로 평가하여 과학기술 발전과 공공의 인식 확대를 도모하고 있습니다. 이러한 제도 하에서는 지금 현재 우리나라에서 벌어지고 있는 국정원 특수활동비 유용과 같은 범죄는 발생할 수가 없습니다.

GAO는 미국 자본주의 체제를 감시하고 지키는 가장 강력하고 중요한 기관이며, 국민으로부터 가장 신뢰받는 기구로서 '의회감시견(congressional watchdog),' 또는 '납세자의 가장 친한 친구(the taxpayers' best friend)'로 불리고 있습니다.

감사원장(the comptroller general)의 임명 역시 다른 정부기관장보다 까다롭고 재직 기간도 깁니다. 상·하 의원 8명으로 구성된 추천위원회가 선정한 후보가 임명되면 탄핵이나 의회 양원 가결이 있기 전에는 해임할 수 없고, 임기를 15년으로 정함으로써 대통령의 입김을 차단하고 의회 내에서도 초당적 입장을 견지하면서 독립성을 유지할 수 있도록 하였습니다.

의회는 이와는 별도로 하원에 '정부 감시와 개혁위원회(the House Oversight and Government Reform Committee)'를 두고 정부와 공공기관의 증가를 감시하면서 지속적인 정부개혁을 도모함으로써 제한된 정부(limited government)라는 헌법정신을 지켜가고 있습니다. 제한된 정부란 작은 정부를 말합니다.

이와 병행하여 행정부 역시 대통령 통제 아래 있는 예산국(OMB, Office of Management and Budget) 내에 '정부규제 업무실(OIRA, Office of Information and Regulation Affairs)'을 두고 50여 명의 최고 전문가들이 각종 규제 검토와 정보수집 및 정부기구와 관련된 활동 통계 업무를 수행합니다.

이처럼 미국 의회는 행정부와 대통령이 권력을 남용하는 것은 말할 것도 없고 월권하거나 혈세를 낭비하지 못하도록 철저히 감시하고 견제하는 권한을 행사함으로써 권력분립 및 견제와 균형의 원칙을 지켜갑니다.

현대 국가들이 시행하고 있는 대통령제의 원산지는 미국입니다.

우리가 미국 대통령제를 모방하고 있으나 흉내만 내고 있을 뿐 내실 면에서는 허술하기 짝이 없습니다. 모방을 하려면 제대로 해야 하고 철저해야 합니다.

국회 국정감사는 당장 폐지해야만 하는 가장 나쁜 정치제도입니다.

국정감사 때가 되면 국회는 문전성시를 이룹니다. 아무나 참고인, 증인으로 불러 세워 망신을 주고 모욕감을 느끼게 만들고 무제한의 자료 제출을 요구합니다.

감사 대상기관의 공직자들은 수개월에 걸쳐 준비를 해야 하고 국회 회기(會期) 내내 세종시와 여의도를 왕래하느라고 길거리에서 시간을 낭비합니다. 심지어 해당 상임위원회 의원들은 멀리 미국까지 날아가서 주미대사관을 감사한다는 구실로 국민의 혈세를 낭비합니다.

미국 의회 의원들이 주한 미국대사관을 방문하여 우리 국회처럼 감사를 했다는 뉴스는 건국 이래 들어본 적이 없습니다.

300명의 국회의원이 20일 만에 방대한 대상기관을 회계상으로 감사한다는 것은 손오공과 같은 비범한 능력을 갖고 있지 않는 한 시간도 부족하고 물리적으로도 불가능합니다. 언제나 '수박 겉핥기' 식 감사로 끝납니다.

그나마도 정기국회 시작 이전에 생긴 정치 쟁점을 둘러싸고 여야가 공방을 벌이느라 국정감사는 뒷전으로 밀려나는 경우가 연례행사처럼 반복되어 왔습니다. 국정감사를 통하여 국정 전반을 점검한다는 것은 처음부터 거짓말이고 생산적 결과를 기대한다는 것은 더욱 거짓말입니다. 국회의 국정감사는 국회의원들의 권력을 과시하고 갑(甲)질을 누리며 가치 없는 가십이나 뉴스를 만들어내는 기회 이상의 의미가 없는, 정치적 단막극에 불과합니다.

국민 입장에서 보면 이처럼 잘못되고 낭비적인 국정감사를 없애야 하는 것이 당연하지만 애국심이 없는 국회의원들은 결코 포기하지 않을 것입니다. 국정감사는 1948년 제헌 당시부터 실시되었다가 유신 때 없어졌고, '87년 개헌 때 정치권이 다시 부활시켰습니다.

앞으로도 정치권이 이러한 특권적 제도를 스스로 포기할 가능성은 희박합니다. 이것 하나만으로도 우리가 개헌을 그들에게 맡길 수 없는 충분한 이유가 됩니다.

단원제인 대한민국 국회는 입법 만능주의, 국정감사, 국정조사와 같은 합법적 수단을 통하여 독재의 길로 들어서고 있습니다. 20대 국회도 예외가 아닙니다. 난폭한 폭군처럼 입법부 독재 현상을 드러내고 있습니다.

다수에 의한 입법부 독재는 제왕적 대통령 한 사람의 독재보다 더 무섭고 해롭습니다. 이들은 확인할 수 없는, 심지어 조작된 여론을 앞세워 헌법에 어긋나는 소급입법을 만들어 자신들이 노리는 정치적 목적을 달성하고, 시대에 역행하는 경제관계 규제 법안을 양산해내면서 경제 활성화와 성장을 가로막는 세계 유일의 국회로 치닫고 있습니다.

국회는 대통령을 탄핵할 수 있어도 대통령은 국회를 해산할 수 없으며, 단원제인 국회는 단 한 번만의 본회의 표결로 국가 중대사를 결정해 버리고, 국군 통수권자의 권한에 속하는 무기 배치까지 국회 동의를 받으라며 윽박지르고 있습니다.

이러한 입법부의 모순(矛盾)은 개헌을 통해서만 해소가 가능합니다.

국회로 하여금 완전한 입법권, 예산권, 회계감사권을 갖도록 하되 국정감사를 없애고 감사원을 폐지함으로써 행정부를 실질적으로 감시하고 견제할 수 있도록 해야 하며, 양원제를 택함으로써 입법부 자체 내의 견제와 균형을 유지하도록 할 필요가 있습니다.

전국구 국회의원 제도는 없애야 합니다.

원래 취지와는 달리 당권을 장악하고 있는 실력자들의 전리품처럼 전락했고, 전문성 발휘 기회는커녕 대한민국 체제를 전복하려는 종북 좌파인사들이 국회로 진입할 수 있는 기회만 제공하는 제도입니다. 뿐만 아니라 권력과 명예에 목말라

하는 대학 교수들로 하여금 강단과 학생을 버리고 일회성 국회 진출을 가능케 하는 제도이기도 합니다.

우리의 경우 정치 풍토상 비록 대통령중심제라 하더라도 대통령이 일정한 요건을 갖출 때 국회를 해산(解散)할 수 있어야 합니다.

일제 식민지 시대의 악습과 잔재 요소가 가장 뿌리 깊게 남아 있는 곳이 사법부와 검찰입니다. 우선 법률적 용어부터 그렇습니다.

국가주의적이고 관료주의적이며 정치권력에 취약하고 여론의 눈치를 살피는 곳이 사법부이고, 검찰은 권력자의 충실한 하수인이자 여론에 따라 춤추듯 하는 연금술사와도 같으며, 때로는 여론을 인위적으로 부추기기도 합니다.

사법부와 검찰 제도는 유럽 대륙법의 영향을 받은 군국주의 시대 일본의 제도를 그대로 답습해 왔습니다.

죄형 법정주의라기보다 권력 법정주의, 여론 법정주의라 할 수 있고, 일사부재리 원칙이나 무죄 추정의 원칙은 교실에서나 통하는 것일 뿐 현실에서는 아무런 의미가 없습니다.

검찰 수사를 끝낸 사건이라도 새로운 단서가 발견되었다는 구실을 만들어 다시 수사하여 기소하고, 대법원 확정 판결을 기다리기는커녕 피의자(被疑者) 신분으로 검찰에 소환되는 순간부터 죄인 취급을 하고, 세인의 관심을 끌거나 정치적으로 시끄러운 사건일수록 검찰은 수사과정에서 드러나는 피의(被疑) 사실을 언론에 공개함으로써 여론의 뭇매를 맞게 합니다.

피의자측이 증인을 신청하면 검사와 판사가 재판 지연을

꾀한다는 핑계를 붙여 거부해버리면 그만입니다. 이러한 악습이야말로 모든 국민은 법정에서 자신을 보호할 권리가 있고 이를 위해 모든 법적 요구를 할 수 있다는 법치정신을 깡그리 짓밟는 행위입니다.

정치권과 여론의 압력을 받게 되면 사안이 아무리 중대하고 관련 증인들이나 참고인들이 수십 명이 되는 대형사건이라 하더라도 정치 일정에 맞추어 군사혁명 재판하듯이 해치워 버립니다. 법원 판결문은 검찰 기소장 내용과 별반 다르지도 않습니다.

검찰공화국, 사법공화국이라는 말은 그냥 하는 말이 아닙니다. 검사와 판사가 법과 양심에 따라 수사하고 재판하는 것이 아니라 권력과 여론에 따라 수사하고 재판하는 나라가 대한민국이라 해도 지나친 말은 아닙니다.

1958년 조봉암 사건 수사와 재판, 1996년 5.18 특별법에 따른 수사와 재판, 2013년 세칭 전두환추징금법에 따른 본인, 가족, 친인척, 측근 재산 압류, 2017년 박근혜 대통령 탄핵을 둘러싼 특검 수사와 헌재 재판이 대표적입니다.

대한민국 법치의 현실을 한 장의 사진을 보는 것처럼 보여주는 예는 1995년 12월 19일, '5.18 특별법' 처리를 둘러싸고 당시 자민련 소속이자 법률가인 유수호 의원(20대 국회 유승민 의원의 선친)이 국회에서 발언했던 통렬한 비판입니다.

"'5.18 특별법'은 결론적으로 말씀드려서 명백한 헌법위반입니다. 또한 이 나라 헌정 질서를 파괴하는 법안이 명백합니다. 그 이유는 '5.18 특별법'은 법률 불소급의 원칙, 형벌 불소급의 대원칙을 천명한 헌법 규정에 정면으로 저촉되기 때문입니다. 형벌 불소급의 원칙이야말로 이 나라 헌법에서 정한 국민의 기본권을 옹호하기 위한 가장 핵심적인 권리장전이올시다. 왜 소급 입법인가 하는 것, 그 이유 또한 간단명료합니다. 공소시효가 완성되어 이 시점 현재 처벌할 수 없는 사람을 사후 입법으로 소급하여 공소시효가 완성되지 아니한 것으로 만들자는 것이기에 이것이 바로 소급입법이라는 것입니다."

유수호 의원은 "헌법 위반이라고 주장하던 여당의 법률가 출신 의원들이 대통령의 말 한 마디에 위헌이 합헌으로 돌아갔다."면서 "김영삼 대통령의 말 한 마디는 이 나라 헌법 위에 군림하고 있는 셈이니 초(超)헌법"이라고 신랄하게 비판했습니다.

당시 피의자측이 헌재에 '소급입법 불가 원칙'을 위반했다는 위헌 신청을 했으나, 헌법재판소는 심의 결과 합헌 4명, 위헌 5명이었음에도 합헌이라는 기묘한 결론을 내렸습니다.

김영삼은 반독재 민주화 투쟁의 공으로 대통령이 되었으나 위헌적 '5.18 특별법'을 권력의 힘으로 통과시켜 한 줌의 5공 주역들에 대한 정치보복을 가함으로써 대한민국 헌정 질서와 법치주의를 유린하고 민주주의의 후퇴라는 역사적 과오를 범했고, 자신이 자랑하는 반독재 민주화 투쟁의 족적을 무색하게 만들었습니다.

우리나라 헌정사에서 소급입법의 원조는 이승만 자유당 정권 하에서 반독재 투쟁에 앞장섰던 민주당 정권이었습니다.

1960년 당시 민주당 정권은 윤보선 대통령, 장면 총리가 중심이었습니다. 김영삼 대통령은 이들의 정치적 후예였습니다.

헌정 질서와 법치주의, 민주주의를 위한 정치 지도자들이라면 위헌적 소급입법을 적극적으로 반대하고 방지하는 데 앞장서야 하는 것이 정상적입니다. 현재까지 시비가 되고 있는 위헌적 '5.18 특별법'에 의한 역사바로세우기 재판을 재심해야 하는 이유는 5공 주역 몇 사람의 명예회복이 아니라 헌정 질서와 법치 확립, 민주주의 발전을 위한 새로운 계기를 만들어야 하기 때문입니다.

정치권력이 정치적 목적으로 제정한 특별법이 헌법 위에 존재하도록 인정하고 수용하는 국가는 입헌민주주의 국가라고 할 수 없습니다. 만약 그렇게 될 경우 헌법은 한갓 장식물보다 쓸모없는 무용지물이 되기 때문입니다.

유감스럽게도 정치권력이 필요할 때마다, 폭민이 요구할 때마다 위헌적 특별법이 당연한 것처럼 생겨나고 검찰과 사법부는 이를 뒷받침하기에 여념이 없습니다.

민족주의 사관을 지닌 학자들은 부정하거나 비판하지만 우리의 근대화 씨앗은 일제 식민지 시대에 뿌려졌습니다.

조선왕조 500여 년 동안 지켜왔던 반상(班常)이라는 신분차별 제도는 일본의 입김이 작용한 갑오개혁(甲午改革) 때 폐지되었고, 근대적 의미의 교육제도, 행정제도, 사법제도 역시 일제 식민지 지배 하에서 도입되었습니다.

식민지 시대가 끝난 후 탄생한 신생 대한민국의 각종 국가 제도는 그 연장선상에서 갖추어 졌습니다. 특히 법률 용어, 법률 체계, 법치 관행은 별반 달라지지 않았습니다.

지난날 헌법이 아홉 번이나 바뀌었지만 이 부분은 크게 변하지 않았습니다. 제헌과 개헌에 참여했던 정치인들은 자유민주주의를 뒷받침하는 것이 법치주의이며, 이를 위해 독립적이고 정치 중립적이며 민주성을 갖는 사법부와 검찰이 얼마나 중요하다는 것을 제대로 인식하지 못했고, 참여했던 법조인들과 법률가들은 자신들의 이익을 지키기 위해 아주 소극적으로 임했기 때문입니다.

사법고시를 통해 임명된 판사와 검사는 첫날부터 권위적인 심성, 우월감을 갖는 전통에 익숙해지고 퇴직 당시 직위가 변호사 개업 시 수임료 결정에 직결되기 때문에 조직 내 승진 사다리를 오르기 위해 노력해야 하는 경향이 강해질 수밖에 없었고, 관료주의의 폐습이 깊어질 수밖에 없었습니다.

개헌에서 사법부와 검찰 부분은 철저하고 심도 있게 다루어져야 하고, 이 부분에 대한 개혁의 대원칙은 관료주의 극복, 민주성 확보, 독립성과 정치적 중립 실현입니다.

이를 구체화하려면 사법고시 완전 폐지, 로스쿨(law school) 정착과 완전한 배심원제도 적용, 미래지향의 지방자치를 해야 합니다.

선출되지 않은 검사와 판사가 국민의 생명과 재산과 자유와 권리문제를 좌우하는 것은 대의민주주의 원리에 반(反)하는 것이므로 국민이 재판에 직접 참여하여 검사와 판사에 의한 독단적 결정을 막고 공정한 판결을 내릴 수 있게 주권을 행사하는 것이 배심원 제도이며, 이로 인해 민주성이 실현됩니다.

사법고시를 완전히 폐지하지 않는 한 사법부와 검찰의 국가주의, 권위주의, 관료주의의 폐습은 결코 없어지지 않습니다. 그러나 기득권에 집착하고 있는 다수의 법조인들은 반발하고 저항합니다. 현 정부 출범으로 결론이 났지만 언제 또 다시 사법고시 부활 요구가 생겨날지 알 수 없으므로 경계하지 않으면 안 됩니다.

미래지향의 지방자치 개혁이 이루어지면서 사법자치, 검찰자치가 수반될 수 있다면 사법부 독립과 검찰의 정치적 중립도 훨씬 쉬워질 것입니다.

글로벌 시대, 통일시대, 다양하고 개성 있는 시대를 전제로 하는 미래지향의 지방자치 시대를 열어가려면 개헌을 해야 합니다.

이를 위한 선행 조건은 행정구역 개편입니다. 현행 행정구역을 정치, 경제, 교육, 문화 환경을 고려하여 광역 행정구역으로 바꿔야 합니다. 교통과 통신이 불편했던 조선시대의 중앙집권 정치체제 아래서 산맥과 하천을 중심으로 결정되었던 지방 행정구역을 기준으로 한 현행 지방 행정구역은 정치, 경제, 교육, 문화면에서의 심한 편차로 인해 중앙과 지방의 균형 발전을 가로막고 있습니다.

지방자치 시대라고 하지만 선거만 지방자치일 뿐 중앙정부 의존도와 간섭이 절대적인 영향을 주고 있습니다. 지역에 따라 재정 자립도와 교육, 문화 환경이 천차만별하고 수도권 집중 현상이 날로 심화되고 있는 반면, 전국적으로 인구가 줄어들면서 20개 지방시(市)가 시라고 할 수 없는 축소도시(shrinking city)로 쇠락하는 현상이 증가하고 있습니다.

이 중 5개시는 재정자립도가 15%에도 미치지 못하고 김제, 태백, 상주 등 8개시는 40년 사이 인구가 반 토막으로 줄었습니다. 좁은 국토에서 기초단체 의회와 광역단체 의회를 두고 있어 정치적 낭비 역시 극심합니다.

우리나라 국토는 미국의 50개 주 중 37번째 되는 켄터키 주와 비슷합니다. 지리적으로 이미 1일 생활권이고 이동시간은 날로 단축되어 가고 있습니다. 중앙정부의 역할은 날로 축소되어 가는 반면 지방자치단체 역할은 날로 늘어나고 있습니다. 글로벌 시대가 진행되고 다양하고 다원화 되어가는 시대일수록 중앙과 지방의 균형 발전과 지방의 독자성 증대는 중요해질 수밖에 없습니다.

흔히 지역갈등 해소 차원에서 지방행정구역을 개편하자는 것은 비합리적입니다. 정치적 낭비를 최소화하고, 행정 자율성과 재정자립도를 높이며 교육·문화적 불균형 현상을 해소함으로써 중앙과 지방, 지방과 지방 사이의 균형 있는 발전을 도모하기 위해서 행정구역 개편이 필요합니다.

서울특별시는 그대로 두되 광역시는 없애고 광역 지방행정구역으로 개편하게 되면 기초단체 의회를 없애고 국회의원 숫자도 획기적으로 줄일 수 있기 때문에 정치적 낭비를 최소화할 수 있습니다.

선진국 형 지방자치를 하려면 행정자치, 교육자치 외에도 자치경찰, 자치검찰, 사법자치까지 이루어져야 합니다. 이경우 경찰서장, 지방 지검장, 지방 법원장을 직선으로 선출할 수 있어 민주성과 대중성을 확보할 수 있을 뿐만 아니라 해당 지역 대학 출신들이 자치단체 검사, 판사, 변호사가 됨으로써 서울 집중 현상에서 벗어날 수 있게 됩니다.

개헌할 때 헌법 전문(前文)에는 반드시 자유주의의 이상과 작은 정부 사상을 명시할 필요가 있습니다.

우리나라는 건국 이래 권력정치, 관료행정편의주의의 정치를 특징으로 하는 큰 정부 체제를 유지해왔으며, 자유시장경제를 강조하는 듯하면서도 관치경제 틀을 유지하고 있습니다.

정부가 크고 정치인과 관료의 힘이 크다는 것은 상대적으로 개인의 힘이 그만큼 작다는 의미이기 때문에 개인주의를 기본 정신으로 삼고 있는 입헌자유민주공화국 시민이라면 큰 정부를 경계하고, 작은 정부 구현을 위해 끊임없는 감시와 노력을 기울여야 할 책임이 있습니다.

큰 정부와 작은 정부란 상대적 개념이어서 산술적으로 비교하기는 어렵지만 일반적으로 큰 정부라고 하면 국가가 일자리를 만들어 주겠다면서 공무원과 공공 일자리를 늘리고, 국민 개개인의 삶을 책임질 수 있는 것처럼 보편복지를 내세워 과도한 세금을 거두어들이면서 개인과 기업의 자율성을 제한하고, 시장 개입과 간섭을 당연시하는 정부를 말합니다.

큰 정부 국가의 대표적인 본보기가 사회주의 국가, 공산주의 국가입니다. 최근 그리스가 국가 부도 상태에 빠지고 산유국 베네수엘라가 몰락하고 있는 것도 이들 국가들이 큰 정부 체제, 사회주의 체제에 의존했기 때문입니다.

이에 비해 작은 정부란 개인과 기업의 자율성과 창의성을 최대한 존중하고 자유시장경제 원리에 입각하여 큰 시장 정책을 중시하며, 혈세 낭비를 방지하기 위하여 정부 규모를 최소한으로 유지하려고 노력하고, 합리적 조세 정책으로 조세 정의를 구현하면서도 소외계층을 보호하고 개인과 기업의 세금 부담을 되도록 축소하려고 노력하는 정부를 말합니다.

최근 제1 우파정당으로 자처하는 자유한국당이 당 혁신위의 논의과정에서 "작은 정부를 포기하고 서민중심 지향 정당으로 가겠다."고 한 것은 우파 정당임을 포기하고 큰 정부를 지향하는 계급 정당으로 가겠다는 것을 의미합니다.

작은 정부 구현과 자유시장경제 추구는 자유주의 체제를 옹호하고 수호하려는 우파 정당이 견지해야 하는 절대 목표입니다. 폐허를 딛고 재기하려는 자유한국당은 2017년 8월에 발표한 혁신 선언문에서 이 두 가지 목표를 빼버렸습니다.

우리나라는 건국 이래 큰 정부를 유지해왔고 관치시장경제를 해왔을 뿐 한 번도 그 본질을 인식하고 정상적인 작은 정부와 자유시장경제를 추구해본 바가 없습니다. 자유한국당은 혁신 선언을 통하여 우파 가면을 쓴 엉터리 우파 정당임을 만천하에 드러냈다고 할 수 있습니다.

우리는 개헌 과정에서 사회주의 냄새가 나는 평등주의 요소를 철저히 제거해야 합니다. 헌법 23조는 "모든 국민의 재산권은 보장된다."고 하면서도 "그 내용과 한계는 법률로 정하고 재산권 행사는 공공복리에 적합하도록 하여야 한다."고 명시하고 있습니다.

이 조항은 정통적인 공리주의자(utilitarians), 공동체주의자들(communitarians)의 사상에서 유래된 것일 뿐 자유주의자들의 사상과는 거리가 멉니다. 공공복리를 전제로 하고 있는 이 조항으로 개인의 재산권을 보호받기는 어렵습니다. 개인의 재산권 보호는 자유자본주의 체제에서 신성시되는 개념이며, 어떤 전제조건도 있을 수 없습니다.

뿐만 아니라 정치적 이유로 특정 개인을 처벌하기 위해 특별소급입법으로 본인의 재산은 물론, 가족, 친인척, 측근의 재산까지 몰수하고 압류하는 행위는 경제적 연좌제 처벌을 뜻하고, 국가가 악법으로 개인의 재산을 강탈하는 행위입니다.

이러한 헌법을 지닌 나라, 이처럼 법의 이름으로 국가가 법을 만들어서 개인의 재산을 마음대로 빼앗아가는 나라를 자유민주주의 국가, 자유자본주의 국가, 법치주의 국가라고 하기는 어렵습니다.

　헌법 119조는 정부가 소득분배를 균등하게 유지하고, 경제민주화를 위해 시장에 개입하고, 경제를 규제하며 조정할 수 있도록 하고 있습니다. 좌파 정치인들, 이들을 둘러싸고 있는 지식인들이 공무원과 공공 일자리를 늘리고 부자 증세와 기업규제 강화와 시장개입을 강조하며 보편복지를 하자는 근거가 바로 헌법 119조입니다.

　OECD 회원국 35개 국가 중에서 4번째로 많은 안보 비용을 지출하고 있는 국가, 개인소득 30,000달러 선을 넘어서지 못하고 있는 국가, 글로벌 시장에서 무한경쟁을 하면서 살아가야 하는 국가에서 평등주의 경제를 하자는 것은 다함께 가난하게 살아가자는 주장과 다를 바 없습니다.

　현행 헌법은 자유주의 헌법이라기보다 평등주의 헌법에 가깝습니다.

　따라서 개헌을 하게 될 때 작은 정부의 자유주의 체제를 명시하고 큰 정부의 평등주의 요소를 완전히 제거해야 합니다.

　국가가 없어도 안전하고 평화롭게, 잘 살아갈 수만 있다면 최상이지만 이것은 현실적으로 불가능합니다. 국가란 '필요악'이라는 것은 그래서 생겨난 단어입니다.

　당연히 국가란 작을수록 좋습니다. 토마스 페인은 1776년 1월 『상식』에서 힘주어 말했습니다.

"최소의 비용과 최대의 편의로
우리에게 안전을 가장 잘 보장해주는 국가 형태야말로
어떤 국가 형태보다 바람직하다."

토마스 페인의 사상적 영향을 받았던 미국 건국 지도자들은 헌법에 '제한된 정부(limited government)'를 명시했고 이 정신은 지금도 강조되고 있습니다.

미국이 세계 유일의 초강대국, 가장 번영하고 있는 국가, 법치주의가 존중되고 개인의 자유와 재산권이 신성시되는 국가가 된 것은 결코 우연이 아닙니다. 국가적 낭비와 개인의 부담을 최소화하고 자유로운 개인이 주체가 되는 체제가 최선임을 확신했기 때문입니다.

개헌을 하지 않을 수 없는 이유는 너무나 많습니다.

권력구조 변경이 개헌을 해야 하는 가장 큰 이유인 것처럼 주장하는 것만큼 무지하고 무책임한 것도 없습니다.

개헌 주체와 절차에 대해서도 신중해야 하고, 국민은 주권자 입장에서 단호한 태도를 취해야 합니다. 헌법에는 대통령이나 국회가 발의해서 개헌안이 마련되면 국민투표를 통해서 결정하도록 되어 있습니다.

제헌 이래 아홉 번이나 개헌이 이루어졌지만 그때마다 가장 신뢰받지 못하고 사상과 지식마저 부족한 정치인들과 법조인들이 주축이 되어 처리했고, 국민은 국외자인 것처럼 이름만 빌려주었을 뿐입니다.

개인의 정치적 이익과 당리당략의 화신이라고 할 수 있는,

특권을 더 만들었으면 만들었지 결코 내려놓을 생각이 없는 정치인들과 자신들의 기득권에 집착하고 있는 법조인들에게 맡긴다면 과거와 다를 바 없는, 부분적이고 불완전한 헌법이 만들어질 것이고 오래가지 않아서 또 다시 개헌 논의를 하게 될 것입니다.

이번만은 현행법을 벗어나 '개헌을 위한 별도의 법'을 만들어 국민이 주권자로서 주체가 되어 제헌 수준의 개헌을 해야 합니다.

이 과정에서 중요한 것은 국민으로 하여금 헌법에 대한 기본 상식을 갖출 수 있도록 최소한 2년 정도의 공론 기간을 거치도록 해야 할 필요가 있다는 점입니다.

개헌 작업에 참여하는 인사들을 결정할 때 현역 국회의원들은 제외되어야 합니다. 아울러 법률 전문가는 최소한으로 제한하되 정치가, 정치학자, 사회학자, 철학자, 사상가, 인문학자, 역사가, 문학가 등 다양한 인사들이 포함되어야 하며, 평등주의 성향을 갖는 인사들은 배제되어야 합니다.

개헌안이 마련되면 정부와 국회에는 참고로 보고만 하고 개헌안 작성기간 전후를 통하여 충분한 공론을 거치면서 마무리된 후 국민투표에 회부하는 것이 가장 바람직합니다.

지도자 빈곤과 지도력의 위기

　우리가 살아가고 있는 국가는 공산주의 북한으로부터 끊임없이 대남 적화통일 위협을 받고 있는 국가, 그렇기 때문에 필사적으로 자유를 지키고 자유통일을 이룩해야만 하는 사상적 분단국가이면서도 안으로 극심한 사상적 갈등과 충돌을 겪고 있는 국가, 난폭한 정치와 난폭한 법치가 일방적으로 지배하는 사회에서 불안한 마음으로 살아가야 하는 국가입니다. 하지만 우리는 우리나라가 선진국이 되기를 바라고 또 될 수 있을 것이라고 믿고 있습니다.
　이러한 환경 속에서 살아가는 국민으로서 우리가 가장 간절하게 바라는 것이 있다면 비범(非凡)한 지도자, 거인 같은 지도자의 탄생일 것입니다.
　비범한 지도자란 뛰어난 지혜의 소유자로서 비범한 사상력(思想力), 비범한 통찰력, 비범한 예지력(叡智力), 비범한 지적 역량, 비범한 정의감과 비범한 용기와 결단력과 실천력, 그리고 관대함을 갖춘 지도자를 말합니다.
　이러한 지도자를 만난다는 것이 쉽지는 않지만 아주 불가능한 것도 아닙니다. 이것이 비록 꿈이라 할지라도 결코 포기할 수 없는 우리의 소망입니다.
　지금은 우리에게 비범한 지도자가 필요한 시대입니다. 비범한 지도자가 필요한 시대에 보통 수준에도 미치지 못하는 지도자들이 국민의 삶을, 국가를 좌지우지하고 있다는 것은 국가의 불행이자 국민의 불운입니다.

현재 대한민국은 지도자 빈곤과 지도력 위기라는 불치에 가까운 병을 앓고 있는 중병 환자입니다. 중병 환자는 치유가 오래 걸리고 잘못되면 영원한 불구자가 될 수도 있습니다.

역사상 수많은 제국들이 명멸한 것도, 오늘날 유럽의 그리스나 중남미의 베네수엘라가 곤두박질치고 있는 것도 지도자 빈곤과 지도력 위기에서 벗어나지 못했기 때문입니다.

지도자 빈곤과 지도력 위기 현상을 초래하는 원인은 수없이 많지만 우리의 경우 축소해서 말하면 사상의 빈곤, 제도적 결함, 후진적 정치문화와 풍토, 그리고 국민의 정치수준이 결정적인 요소들입니다.

이러한 현상은 사상이 빈곤한 사회가 피해갈 수 없는 현상입니다. 사상이 빈곤한 사회에서 비범한 사상력을 지닌 지도자가 탄생한다는 것은 불가능에 가깝습니다.

사상이 빈곤하면 제도 역시 빈약할 수밖에 없습니다. 사상이 빈곤한 사회의 정치문화와 풍토, 국민의 정치수준은 후진성을 벗어날 수가 없습니다.

이러한 사회에서는 보편 가치가 식자(識者)들의 사치스러운 단어들인 양 외면당하고 세속적 이익과 허영이 찬사를 받으며, 지도자들은 님비(NIMBY) 현상에 중독된 대중들의 비위에 맞추어 춤을 추거나 순진한 대중들을 사탄(satan)의 혀로 꼬드기는 데 익숙하고, 국민은 자신들이 어떤 시대에 살고 있으며 어디로 가야 하는지에 대해서도 무관심합니다.

1992년 이래 악화되고 있는 지도자 빈곤과 지도력 위기 현상은 끝이 보이질 않고 있습니다. 사상적 분단국가의 대통령이 취임사에서 "민족이 동맹을 우선한다."고 함으로써 반시대적인 반일·반미 민족주의자들을 고무하고, 한미동맹 체제를 격하하였으며, "가진 자들이 고통을 느끼도록 하겠다."고 함으로써 자유대한민국 체제가 유지하고 있는 자유자본주의 정신을 정면으로 부정한 결과, 그 후 우리 사회에서는 가진 자와 갖지 못한 자들의 구분이 심해지고 계층 간의 갈등이 심화되는 계기를 만들었습니다.

구(舊) 일본총독부 건물을 때려 부수었던 그는 외환위기를 자초하고 물러났습니다. 김영삼 대통령이었습니다.

'제2 건국' 기치를 내세움으로써 대한민국 건국을 부정하고 '햇볕정책'으로 북한을 민족화해의 광장으로 초대하고 민족통일을 다지겠다는 명분으로 북한에 대한 물질적·금전적 지원을 아끼지 않은 결과 남남갈등이 격화되고, 북한으로 하여금 핵과 미사일로 대남 적화통일 역량을 극대화할 수 있도록 만들어 줌으로써 북에 의한 대남 적화통일의 위험성은 높아졌고, 남에 의한 자유통일 가능성은 낮아졌습니다.

김대중 대통령이었습니다.

"정의가 패배하고 기회주의가 승리한 국가가 대한민국이다."라고 규정함으로써 대한민국의 정통성과 대한민국 현대사를 깡그리 부정한 결과를 초래하고 근현대사를 둘러싼 역사 시비와 역사교과서 투쟁을 격화시켰으며, 반미(反美)면 어떠냐는 경솔한 발언으로 한미동맹 관계를 조롱하였습니다. 햇볕정책 계승자로서 국가보안법 폐지를 시도하고 반(反)기업 정서를 조장함으로써 국민 분열과 계층 간의 갈등을 심화시켰습니다.

노무현 대통령이었습니다.

친(親)기업 큰 시장 정책의 공약을 내걸고 500만 표 이상의 압도적 차이로 당선한 대통령이 정권 초기에 광우병 괴담으로 비롯된 촛불집회에 겁을 먹고 중도실용주의 노선으로 국민을 통합하겠다고 돌변했습니다.

이명박 대통령이었습니다.

그는 실패한 가짜 우파 지도자였습니다.

역사 문제를 정치적으로 해결할 수 있다고 믿는 지도자만큼 무모하고 위험한 경우는 없습니다. 가깝게 지내야만 하는 일본 지도자와는 역사 문제를 두고 갈등하면서 6.25 당시 북한을 도와 남침에 가담했던 중국의 전승 기념식에 참석하여 중국 지도자들과 자리를 함께 한 것은 정치 허영심 발로의 극치였습니다. 치졸한 증오심에 사로잡혀 특별법을 만들어서까지 전직 대통령의 가족, 친인척, 측근의 재산까지 압류했고, 국정농단이라는 오명을 쓰고 탄핵을 당한 다음 구속되었습니다.

박근혜 대통령이었습니다.

우리는 앞서 간 지도자들의 언어와 통치 행위를 통하여 그들의 사상적 토대가 얼마나 빈약하고 천박했던가를 새삼스럽게 느끼게 되고, 1992년 이래 지도자 빈곤으로 인해 생겨난 지도력 위기가 지금도 계속되고 있음을 우려하게 됩니다.

대통령들은 예외 없이 국민통합과 화합을 내세웠으나 행동은 정치 보복, 지역 갈등, 계층 갈등, 세대 갈등, 사상 갈등의 조장에 초점이 맞추어져 있었습니다. 그들은 용서와 화해가 아니라 증오와 분노의 화신처럼 말하고 행동하고 떠났습니다.

자유주의 체제의 국가에서 영웅(英雄)의 출현은 기대하기 어렵습니다.

안정적이고 지속적인 정당정치의 틀 안에서 훌륭한 정치 지도자, 위대한 지도자가 탄생하는 것이 일반적이며 정상적인 현상입니다. 안정성과 지속성을 갖는 정당이란 특정 개인이나 소수 패권주의자들에 의존하거나 한때의 선거를 위한 정당이 아니라 보편적 사상과 올바른 정책에 바탕을 두면서 다른 정당들과의 경쟁을 통하여 집권하려고 노력하는 정당을 말합니다.

정당은 사상 공동체를 말합니다. 이러한 정당은 당의 구성원들이 끊임없이 참여했다가 떠나더라도 당의 간판은 바뀌지 않습니다. 당은 개인 또는 소수 당원의 사당(私黨)이 아니라 보편 사상과 정책에 기반을 둔 공당(公黨)이기 때문에 사상이 바뀌고 정책 노선이 달라지지 않는 한 당명은 바뀌지 않습니다.

당이 견지하고 있는 보편 사상은 그 자체가 당의 정체성(正體性)을 의미하며, 모든 정책 노선은 이 사상에 근거를 두고 결정되기 때문에 힘과 생명력을 지닐 수 있게 됩니다.

정당의 사상은 정당의 영혼이며 정당의 정책은 정당의 육신과도 같습니다. 사상이 없는 정당은 오래갈 수 없고 사상이 빈약하고 혼란스러운 정당은 정치를 병들게 하고 혼란스럽게 만드는 악성 종양과도 같습니다.

사상이 없는 정당은 이익집단에 불과하고 사상이 빈약한 정당은 부패한 음식과도 같은 존재입니다. 이러한 정당들이 국정을 좌우하는 국가가 순항하고 발전한 예는 없습니다. 오늘날 대한민국의 정치 현실은 여기에 가깝습니다.

우리나라 정당들은 건국 초기부터 사상보다 명망 있는 개인 중심으로 출발하였습니다.

따라서 특정 개인의 정치 운명에 따라 당의 운명도 달라졌습니다. 이처럼 잘못된 출발이 고질병이 되면서 우리나라의 정당 정치는 끊임없이 표류해왔고 황폐화되었습니다.

헌정사 70여 년 동안 무수한 정당들이 당대의 정당 지도자들과 함께 명멸(明滅)했고 지금도 계속되고 있습니다. 대선 때마다, 심지어 총선 때마다 당명들이 바뀌고, 각 당은 예외 없이 선거를 위한 임시 비상대책위원회를 구성하여 평소 당과는 아무런 인연이 없는 당 바깥의 명망가(名望家)를 일시적으로 고용하듯이 하여 유권자들의 환심을 이끌어내려고 하는가 하면, 후보 선정과정에서는 국민 참여라는 미명 아래 당과 무관한 일반 유권자들을 끌어들이는 저질 흥행성 정치를 당연한 것처럼 연출합니다.

이러한 현상은 지극히 비정상적이고 후진적인 현상입니다. 이러한 정당정치 환경에서 숙성된 정치 지도자의 탄생을 바란다는 것은 사막에서 신기루를 좇는 것과 하등 다를 것이 없습니다. 우리가 계속해서 지도자 빈곤과 지도력의 위기 현상을 겪고 있는 것은 이처럼 비정상적이고 지극히 후진적인 정당정치 환경과 직접적인 관계가 있습니다.

앞서가는 선진 자유주의 체제 국가들은 한결같이 안정되고 지속적인 정당정치를 유지·발전시키면서 위대한 정치 지도자들을 탄생시켰습니다.

미국과 영국이 대표적 예라고 할 수 있습니다. 대통령 중심체제 국가인 미국은 전통적 공화·민주 양당 체제에서 링컨(A. Lincoln), 루즈벨트(F. Roosevelt), 레이건(R. Reagan) 같은 지도자를 탄생시켰습니다.

링컨은 남북전쟁을, 루즈벨트는 대공황과 세계 제2차 대전을, 레이건은 냉전을 성공적으로 극복했습니다.

내각제 전통이 가장 오래된 영국의 보수당과 자유당, 노동당은 디즈레일리(Disraeli), 처칠(Churchill), 대처(Thatcher), 글래드스턴(Gladstone), 로이드 조지(Lloyd George), 애틀리(Atlee) 같은 위대한 지도자를 배출하였습니다. 세계 제2차 대전을 승리로 이끌었으며 전후 사회 개혁과 영국병을 치유하고 냉전종식에 헌신하였습니다.

독일은 세계 제2차 대전 후 바이마르공화국의 실패와 나치스 등장의 교훈을 참고로 한 기민당, 사민당을 주축으로 하는 내각제 정당정치 틀 속에서 아데나워(Adenauer), 에르하르트(Erhart)가 등장하여 라인 강의 기적을 이루어냈고, 브란트(Brandt), 콜(Kohl)이 등장하여 통일을 이룩했으며, 동독 출신 메르켈(Merkel)이 장기 집권하면서 EU의 맹주국가로 발돋움하고 있습니다.

인접 국가인 일본 역시 세계 제2차 대전으로 인한 폐허 위에서 자민당을 주축으로 하는 안정적이고 지속적인 다당제 내각 정치를 통하여 요시다, 나카소네 같은 지도자를 등장시켜 세계 제2의 선진 경제대국 반열에 오를 수 있었습니다.

이들 국가들의 제(諸) 정당들은 예외 없이 일관된 사상정당, 정책정당이라는 공통점을 지니고 있습니다. 이들 국가 지도자들은 사상과 정책에 기반을 둔 안정적이고 지속적인 정당정치 과정에서 치열한 당내 경쟁과 장기적이고 세밀한 검증을 거쳤기 때문에 성공한 지도자가 될 수 있었습니다.

이들 국가들에 비해 우리나라는 뿌리 없는, 떠돌이 서커스단의 흥행 같은 정당정치 환경일 뿐 아니라 우리 국민은 아침에 말한 것과 저녁에 말하는 것이 달라지는 정치인들 중에서 한 명을 선택해야 하는 고민을 안고 살아가는 슬픈 국민입니다.

위대한 지도자, 훌륭한 지도자는 우연한 기회에 혜성처럼 등장하는 것이 아니라 사회 환경, 정치 환경, 국민수준, 그리고 지도자 개인의 자질이 상호작용을 하는 가운데 탄생합니다.

바람직한 지도자를 탄생시키는 사회 환경이란 보편 가치가 상식화된 사회 환경을 말합니다. 이러한 사회에서는 선동가들이 기회를 잡기가 어렵고 평등주의자들이 성공한다는 것은 불가능합니다.

우리 사회는 보편 가치가 외면당하고 있는 사회입니다. 보편 가치가 상식화되려면 문화적으로 성숙한 사회가 되어야 하지만 이것은 국민 수준과 깊은 관계가 있는 문제입니다.

성공하는 정치 지도자를 탄생시킬 수 있는 정치 환경이란 보편 사상에 바탕을 두면서 일관성 있는 정책들을 추구해 나가는 정당들이 안정적으로, 지속적으로 작동하고 경쟁하는 정치 환경을 말합니다. 자유주의 체제 국가에서 가장 중요한 절차적 민주주의와 법치주의는 그러한 정당정치가 뒷받침될 때 비로소 성공할 수 있습니다.

정당정치가 부실하고 불안정하면 절차적 민주주의와 법치주의 역시 부실하고 불안정해져서 정치적 혼란은 물론 막대한 사회·경제적 비용을 치르게 됩니다. 오늘날 한국의 정당정치 현실은 이와 같습니다. 따라서 우리에게 지체할 수 없는 긴급한 국가적 과제가 있다면 바로 정당정치의 개혁입니다.

정당은 지도자 탄생의 모태(母胎)이며 정당정치는 지도자 탄생의 산실(産室)입니다. 현재와 같은 정당구조와 정당정치 행태가 혁명적으로 개선되지 않으면 정치발전은 물론 바람직한 정치 지도자의 탄생은 불가능합니다.

정당정치 발전은 권력구조와 직접적인 관계가 있습니다. 국제사회의 경험을 통해서 보면 대통령 중심체제 국가에서보다 내각제 중심 체제 국가에서 정당정치가 안정적으로 발전하였습니다. 미국을 제외한 대부분의 선진국들은 안정적 정당정치에 기반을 둔 내각제를 채택하고 있습니다. 우리 역시 내각제 선택을 진지하게 검토할 때가 되었습니다.

현재와 같이 허술한 미국식 대통령 중심체제로 건국, 산업화, 민주화에는 성공하였을지 몰라도 정당정치 발전에는 실패할 수밖에 없었습니다. 이제 정당정치 발전 없이 더 이상의 국가 발전이 어렵다는 것이 분명해지고 있습니다. 따라서 선진국 수준의 정당정치를 실현하려면 개인이 중심 역할을 하는 대통령제보다 정당이 중심 역할을 하는 내각제가 가장 바람직합니다.

내각제 체제에서는 정당이 집권당이 되고 정권을 재창출하려면 안정적·지속적인 정당정치가 필수조건이기 때문에 정당 체제를 견고하게 꾸려가지 않을 수 없습니다. 뿐만 아니라 글로벌 시대에 걸맞은 개방적이고 다원화된 지방자치 확대와 책임정치를 구현하고 통일시대를 준비해 가려면 생명력이 강한 정당정치를 기반으로 하는 내각제가 가장 현실적일 수 있습니다.

내각제 아래서는 전부가 아니면 무라는 지금과 같은 정치게임도 불필요하고, 책임을 지고 물러나기도 쉽지만 또 다시 복귀하기도 쉽기 때문에 현재처럼 정당 간의 단판 승부로 끝나는 경우도 드뭅니다.

그런데 우리 국민은 과거 장면 내각 실패로 인해 내각제에 대한 알레르기 반응을 지니고 있습니다. 하지만 장면 내각의 실패는 제도적 실패가 아니라 인간적 실패였습니다. 입헌민주공화국 출범 12년밖에 되지 않았던 1960년 당시의 정치, 사회, 경제, 군사적 환경과 선출된 정치인들의 수준에 한계가 있을 수밖에 없었으나, 지금은 그때와 완전히 다릅니다.

책임정치 구현과 정당정치 발전이 당면 과제라면 주저할 이유가 없습니다.

정치적 수준이 낮은 국민은 수준 높은 지도자를 탄생시키기 어렵습니다. 대한민국 국민은 세계에서 대학졸업 비율이 가장 높은 데 비해 국민의 정치수준은 가장 낮다고 해야 정직한 고백이 됩니다. 일반적으로 정치 후진성을 면치 못하고 있는 자유주의 체제 국가의 국민은 변덕스럽고 이기적이며 때로는 충동적이기 때문에 이성적 설득이나 합리적 호소가 소용이 없습니다. 더욱이 사상 갈등과 충돌이 심한 사회일수록 선동가들에 의한 대중영합주의와 음모가들에 의한 괴담이 위력을 발휘하기 쉬워집니다. 이러한 환경에서 합리적인 절차적 민주주의와 법치주의가 정상적으로 작동하고 발전하기를 바란다는 것은 헛된 환상에 지나지 않습니다.

2016년 10월~2017년 3월 사이에 일어났던 촛불집회, 대통령 탄핵과 구속에 이르는 일련의 사태들이 한국의 민주주의와 법치 수준, 국민의 정치 수준과 자유언론의 수준을 여과 없이 보여주었습니다. 마치 한 장의 누드 사진과도 같은 벌거벗은 모습을 세계인들이 듣고 보았습니다. 주한 외신기자클럽 회장을 지냈고 35년 동안 한국에 거주해온 영국인 마이클 브린(Michael Breen)이 2016년 12월 19일, 미국 외교 전문 격월간지 〈포린 폴리시(Foreign Policy)〉에 한국의 허약한 법치가 무너지지 않을까 하는 우려의 글을 실었습니다.

'한국 민주주의에서는 국민이 분노한 신이다. In Korea Democracy, the People are a Wrathful God'라는 제목이 한국의 대의민주주의, 법치주의, 국민의 정치 수준을 압축적으로 말해주고 있습니다.

한국에서는 대중이 집단정서(collective sentiment), 국민이 집단의지(collective will)에 사로잡혀 맹수로 변하게 되면, 이들은 구체적 증거를 필요로 하는 것이 아니라 상대방에 대한 처벌과 파멸을 요구할 뿐이라는 그의 비판은 과장된 것이 아닙니다.

아무리 분노한 국민이라 해도 법 위에 군림할 수 없고, 국가는 국민이 다스리는 것이 아니라 국민이 선출한 대표들이 다스린다는 것은 법치주의에 의존하는 대의민주주의 체제가 지켜야 하는 철칙입니다.

분노한 신으로서 국민, 대중이 국가 사회를 지배하게 되면 모든 국가기관 역시 이들의 지배를 받아야만 합니다. 이러한 사회는 폭민주의가 지배하는 야만의 사회입니다. 자유주의 체제에서 살아가는 모든 국가 지도자들은, 지식인들은, 언론인들은 이러한 현상을 방지해야 할 책임이 있으며, 이것은 자유민주주의의 시민으로서 반드시 지녀야 할 덕목이기도 합니다.

불행하게도 우리의 경우는 이와 정반대입니다.

정치 지도자들이 대중을 부추기고 선동가들과 음모가들이 괴담을 퍼뜨리고 언론들이 합세하는 가운데 촛불집회가 진행되고 탄핵이 결정되었습니다. 대의민주주의와 법치주의는 심각한 상처를 입었습니다. 촛불집회를 등에 업고 승리했다고 자축하는 무리들은 언젠가는 자신들도 또 다른 집회의 희생제물이 될 수 있다는 것이 한국 정치의 윤회(輪回) 현상입니다.

이것은 결코 국민이 바라는 바가 아닐 것입니다. 그러나 현실은 그렇지 않고 오히려 관습처럼 되어가고 있음을 우려하지 않을 수 없습니다. 촛불 탄핵, 촛불 수사, 촛불 판결로 이어진, 그들이 말하는 촛불 혁명은 한국의 어린 민주주의와 취약한 법치주의를 불태운 민중민주주의 혁명에 가까웠습니다.

이성과 합리성은 대중정서(public sentiment)와 집단의지(collective will)에 압도당했습니다. 김영삼 정권 아래서 대한민국 대법원은 역사에 길이 남을 판결문을 남겼습니다. 소위 역사바로세우기 재판에서 "광주 시위 군중이 준(準)헌법기관이고 계엄군은 내란 집단이다."라고 판결한 순간부터 대한민국 공권력은 쓸모없는 것이 되어 버렸습니다. 쌍방 간 죽이고 죽는 격돌이 있었고, 계엄군은 지휘 차량을 탈취 당하는가 하면 돌진하는 시위군의 차량에 병사들이 깔려 죽었습니다. 어쩌면 이번 촛불집회의 승리 역시 그 연장선상에 있을지도 모릅니다.

입헌민주공화국에서, 법치국가에서, 민심(民心)이 천심(天心)이 될 수는 없습니다. 더욱이 조작된 민심이 천심으로 변하면 대의민주주의와 법치는 더 이상 존속하기 어렵게 됩니다.

아리스토텔레스(Aristotle)가 민주정치에서 가장 우려했던 점은 '비윤리적 다수'에 의한 지배였습니다. 그가 말한 윤리란 정치적 윤리를 말합니다. 민주주의 사회에서 정치적 윤리란 구성원이 지켜야 할 민주시민으로서의 덕목으로 민주적 절차와 법적 질서를 존중하는 것을 뜻합니다.

플라톤(Plato)은 비윤리적 다수의 위험성을 우려한 나머지 철인정치를 주장하였습니다. 그는 아테네 시민 앞에서 재판을 받고 독배를 마신 스승 소크라테스(Socrates)의 죽음을 보았기 때문이었습니다.

대중을 비윤리적으로 만들고 그들을 분노한 신으로 둔갑시키는 것은 당대의 정치인들, 지식인들, 선동가들, 음모가들입니다. 그렇다 하더라도 그들의 속삭임에, 감언이설에, 음모에 속아 넘어간 책임은 국민 자신에게 있습니다. 속아 넘어가지 않으려는 노력이 중요한 이유입니다. 우리는 대의민주주의 발전과 법치의 확립을 위해 그 어느 때보다 훌륭한 지도자를 필요로 하고 있습니다.

지도자 개인의 자질은 사회적 환경, 정치적 환경, 국민의 정치적 수준 못지않게 중요합니다. 훌륭한 자질을 갖춘 자만이 훌륭한 지도자, 성공하는 지도자가 될 수 있습니다. 평등주의 체제의 국가, 전체주의 체제의 국가 지도자는 일방적 통치가 가능하지만 자유주의 체제의 국가 지도자는 일방적 통치가 불가능하여 성공하기가 어렵습니다.

전통이 있고 안정적인 정치 환경을 갖춘 국가에서는 제도와 전통과 관습의 힘으로 통치가 용이하지만, 전통이 짧고 불안정한 정치 환경에 처한 국가에서 제도마저 부실하면 성공적인 지도력 발휘는 어렵습니다.

우리나라는 지도자가 성공하기도 어렵고 지도력을 효율적으로 발휘하기도 어려운 국가이기 때문에 지도자 개인의 자질과 역량이 매우 중요합니다. 일반적으로 자유주의 체제의 국가 지도자는 유약하고 전체주의 체제 또는 평등주의 체제의 국가 지도자는 강력하다고 생각하지만 사실은 그 반대입니다.

일방적 통치가 어려운 체제의 국가일수록 강력한 지도력이 요구되는 것은 변덕스러운 대중의 다양한 의견과 이익을 조화시키면서 국가를 한 방향으로 이끌어가야 하기 때문입니다. 말은 쉬우나 실천은 지극히 어렵습니다.

성공의 비결은 지도자의 정치도덕의 책임성과 정치윤리의 정의감에 있습니다. 지난날 우리가 익숙했던 통속적인 권력정치나 관료행정편의주의 방식으로 이루어지는 것이 아닙니다. 그러한 정치도덕의 책임성과 정치윤리의 정의감은 국가 공동체가 지향하는 인류보편 가치(universal values)와 국가운영 기본 원칙(cardinal principles)을 존중함으로써 모든 문명국가가 지향하는 대의민주주의 정신과 법치주의 정신을 구현하려는 결연한 의지와 행동으로 나타나야 합니다.

따라서 성공하려는 지도자가 갖추어야 할 으뜸가는 덕목(virtues)은 정치도덕의 책임성과 정치윤리의 정의감입니다. 실패한 우리의 과거 지도자들은 예외 없이 이와 같은 덕목을 갖추지 못했기 때문에 실패했습니다. 이것이 없는 지도자는 비겁하고 무책임하며 부도덕합니다. 아무리 좋은 정부라도 개인 또는 정치집단에 의한 비윤리적 지도력이 끼어들게 되면 만사가 허사로 끝나게 마련입니다.

지도자의 정치도덕의 책임감, 정치윤리의 정의감은 지도자가 믿고 있는 사상이 지닌 가치에 대한 신념에서 나옵니다. 따라서 지도자는 사상 역량 면에서 보통사람보다 뛰어나야 합니다. 사상의 힘을 지닌 지도자만이 맑은 눈과 영혼으로 시대를 올바르게 읽고 시대가 요구하는 국가적 과업을 판단할 수 있으며, 그러한 과업 수행을 위한 방책을 결정할 수 있습니다.

시대가 불확실하고 정치사회가 혼란할수록 대담하고 상상력과 창의력이 뛰어난 지도자가 필요하며, 이러한 지도자는 사상 역량을 갖추고 있을 때 가능합니다.

사상은 지도자에게 두 번째로 중요한 덕목입니다.

지도자에게 지식보다 더 중요한 것은 지혜입니다. 지식이란 아는 것이고 지혜는 분별하는 것입니다. 알고 난 다음 분별하고 분별한 후에야 선택할 수 있습니다. 먼저 할 것과 나중에 할 것, 선과 악, 정의와 부정의, 중요한 것과 중요하지 않은 것을 알고, 분별하고, 선택하는 것은 지도자가 매순간마다 감당해내야 하는 무겁고 중대한 책무입니다.

　지혜는 학습과 경험, 전통과 관습과 규범을 통하여 갖추어지며, 지혜를 지닌 자는 깊은 사색과 통찰력의 소유자들입니다. 큰 지혜의 소유자가 큰 지도자가 될 수 있는 이유입니다.

　지혜는 지도자의 세 번째 덕목입니다.

　지도자의 지도력(leadership)은 추상적 사고에서 나오는 것이 아니라 지도자 개개인이 지니고 있는 그들만의 독특한 개성(character)에서 나옵니다. 지도자는 좋은 의미에서 강한 개성의 소유자여야만 합니다. 개성은 용기, 결단력, 실천력 형태로 나타납니다.

　용기가 없으면 결단력도, 실천력도 발휘할 수 없고 위기를 극복하거나 대업을 달성할 수도 없습니다. 용기가 있는 지도자는 개인의 희생을 두려워하거나 책임을 회피하거나 대중 앞에서 거짓말을 하지 않습니다. 따라서 약속을 함부로 어기거나 가볍게 생각하지 않습니다.

　용기 있는 지도자는 큰 것을 위해 작은 희생을 감수하며, 미래를 위해 현재의 희생을 마다하지 않습니다. 용기 있는 지도자는 동의(同意)를 구할지언정 표를 구걸하지는 않습니다. 용기 있는 지도자는 관대하고 용기가 없는 지도자는 옹졸합니다. 용기 있는 지도자는 용서할 줄 알되 옹졸한 지도자는 보복을 정의로 착각합니다. 어려움이 많은 국가일수록 용기 있는 지도자가 필요한 것은 어려운 결단과 실천이 요구되기 때문입니다.

　강한 개성은 지도자가 갖추어야 할 네 번째 덕목입니다.

　우리는 자유주의 사상에 투철한 위대한 지도자의 탄생을 고대하고 있는 국민입니다. 위대한 자유주의 지도자의 탄생을 바란다면 다음과 같은 유형의 정치 지도자들은 피해야만 합니다.
　자유주의 체제를 비판하고 반대하는 자, 친북평등주의자, 반일·반미 민족주의자, 원한과 증오심에 사로잡혀 있는 인사들은 경계하고 피해야만 하는 대상들입니다.
　이들이 지니고 있는 공통점은 좌파적 성향입니다. 좌파적 성향이란 반자유민주주의, 반자유자본주의 성향을 말합니다. 이러한 좌파적 성향이 지닌 일반적 경향이란 개인의 자유보다 사회정의를, 경쟁보다 평등을, 개인의 이익보다 공동체 이익을, 반자유기업과 반자유시장 정책을, 정부 간섭과 개입과 규제 강화를, 증세와 보편복지를 중요시하는 것을 뜻합니다.
　이들은 반역사적이며 소아병적인 배타적 민족주의 울타리 안에 갇혀 고립을 자초하고, 자신들에 대한 비판세력, 반대세력을 타협의 대상이 아니라 소멸의 대상으로 적대시하며 독선적이고 선동적입니다.
　자신들은 상대방을 무제한 비판하고 공격하면서도 자신들에 대한 상대방의 비판과 공격은 음모론이니 색깔론이니 하면서 거부합니다. 자신들이 원하지 않는 것은 한사코 거부하면서 자신들이 원하는 것만을 받아들이라고 겁박합니다. 자신들의 주장만이 선이며 정의이고 상대방의 주장은 악이며 부정의라고 매도합니다. 자신들은 표현의 자유를 만끽하면서 상대방의 표현의 자유는 인정하지 않으려고 할 뿐 아니라 심지어 국회 입법을 통해서라도 비판을 봉쇄하고 입을 막으려고 합니다.
　젊은 날 인권과 민주화 투쟁을 했다고 자부하는 전직 국무총리이자 현역 국회의원 신분인 인사가 2017년 대통령 선거 유세장에서 "우리가 집권하면 극우보수세력을 궤멸시키자."고 한 발언은 1789년 프랑스 혁명 당시 로베스피에르(Robespierre)

를 우두머리로 하는 급진파 쟈코뱅(Jacobin)들의 피에 젖은 목소리를 연상케 하고, 히틀러(Hitler)의 맹견(猛犬) 역할을 했던 괴벨스(Goebbels)가 유대인 소멸을 외치던 목소리를 연상케 하였습니다.

민주화 시대를 구가하는 오늘날 정상적 선거를 통하여 정권교체에 다함께 참여했던 지도층 인사들이 법적 조치가 끝난 지난날의 일들을 다시 조사하고 아무 잘못도 범하지 않은 보수우익세력을 궤멸시키자는 것은 자유민주주의와 법치주의를 송두리째 뒤엎어버리자는 선전포고라 해도 과언이 아닙니다.

우리 사회에 극좌는 있어도 극우는 없습니다.

남한의 우파는 나라를 세우고 지키고 발전시킨 주역입니다. 좌파들의 투쟁방식은 언제나 '연대투쟁' 방식을 택합니다. 민노총, 전교조, 문화예술단체, 환경단체, 농민단체, 시민단체들이 전국 조직망을 동원하고 연대하여 투쟁합니다. 이들이 사용하는 '연대(連帶)'는 단결이나 연합과는 다른 뜻을 지닌 단어입니다.

프랑스 혁명 당시 쟈코뱅들이 사용했던 형제적·동지적 단결을 의미하는 'fraternity'에 가깝고, 오늘날 이집트의 급진 이슬람 단체를 의미하는 'brotherhood'에 가깝습니다. 같은 목적을 위해 함께 투쟁하기 위한 결사체라는 의미가 강한 단어입니다. 프랑스 혁명 당시 쟈코뱅들이 사용했던 구호였던 "형제가 되어라. 그렇지 않으면 죽이겠다. Be my brother or I'll kill you."를 영국 역사가 액턴 경(Lord Acton)은 쟈코뱅적 형제애(Jacobinical fraternity)로 소개하였습니다.

"극우보수세력을 궤멸시키자!"는 것은 쟈코뱅들의 구호와 다를 바 없습니다. "연대하라! 투쟁하라! 궤멸하라!"는 것이 남한 좌파들의 생각이며 투쟁방식입니다.

우리가 바라는 지도자는 건국형, 전사형, 계도형, 개혁형 지도자여야 합니다.

건국형(建國型) 지도자란 자유통일 기반을 다져가는 지도자를 말합니다. 우리는 여전히 건국 과정에 있습니다. 통일이 달성되었을 때 건국이 완성되는 것이므로 그 이전까지 모든 지도자는 건국형 지도자의 역할을 해야 합니다.

건국형 지도자에게 가장 중요한 과업은 그 자신 투철한 자유주의 사상의 소유자로서 국민으로 하여금 자유통일이라는 민족적 공동 목표를 향해 함께 나아가도록 국민적 일체감을 만들어내는 일입니다. 국민적 일체감은 국민 통합과 같은 슬로건으로 이루어지는 것이 아니라 보편 가치 공유, 헌법 가치 존중, 공동 목표의식 공유, 역사 공유, 민주와 법치를 존중할 수 있을 때 생겨날 수 있습니다.

전사형(戰士型) 지도자란 난폭한 정치, 난폭한 법치를 잠재우고 분노한 신으로 돌변한 대중과 폭력적 군중을 선량한 대중, 민주적 군중으로 선도해야 하는 과업을 지닌 지도자로 적합합니다.

전사형 지도자는 대의민주주의와 법치주의 확립을 위해 어떠한 양보도, 타협도 불사하는 민주전사, 법치전사여야 하고, 평등주의자들의 도전, 전체주의자들의 위협을 결코 두려워하지 않는 불퇴전의 전사를 말합니다.

미국의 링컨 대통령은 남군의 반란을 분쇄하기 위해 내전을 선택했고 영국의 처칠 수상은 나치스의 침략전쟁에 맞서 싸웠습니다. 미국의 레이건 대통령은 악의 제국 소련을 붕괴시켰습니다. 그들은 역사적 대혼란과 위기 속에서 국가를, 세계를 구해낸 위대한 자유주의 전사들이었습니다.

계도형(啓導型) 지도자란 민주적 시민사회 발전과 민주적 시민 함양을 중요하게 생각하고 제도와 정책을 통하여 실천하는 지도자를 말합니다. 이 경우 지도자는 솔선수범하는 안내자가 되어야 합니다. 이러한 유형의 지도자는 문화와 문명을 중시하고 봉사를 강조하며, 교육을 어떤 분야보다 중요하게 다룹니다.

개혁형(改革型) 지도자란 적체된 정치, 사회, 경제의 제반 모순을 제거하고 좋은 헌법을 만들고 안정되고 영생하는 정당정치의 틀을 만들어내는 과업을 지닌 지도자를 말합니다.

우리는 이처럼 뛰어난 역량을 지닌 위대한 지도자들의 안내를 받을 수 있을 때 선진국이 되고 통일을 달성할 수 있습니다. 평범한 수준의 지도자들로서는 현상 유지조차 어렵습니다.

위대한 지도자를 선택하는 것은 국민입니다. 따라서 국민의 생각과 안목은 중요하기 이를 데 없습니다. 우리는 문명사회가 출현한 이래 인간의 영혼과 심장을 한 순간도 떠난 적이 없는 자유와 평화, 번영과 사랑을 앞장서서 도모해갈 수 있는 위대한 지도자의 탄생을 소망하고 갈망하지 않으면 안 됩니다.

현재 우리가 겪고 있는 지도자 빈곤과 지도력의 위기 현상이 우리의 간절한 소망을 이루기 위한 한때의 진통이기를 바라는 마음 간절합니다.

맺음말

자유주의 체제의 사회에서 살아가는 지식인의 제일가는 덕목 (德目, virtue)은 당대를 좌우하는 사상과 모순을 올바르게 인식하는 데서 비롯됩니다. 우리 시대의 제일가는 상식이란 사상의 빈곤을 인식하는 것이고, 모순이란 사상의 빈곤으로 인해 생겨나는 모순을 말합니다. 사상과 모순을 모르고 살아가는 것은 악(evil) 그 자체보다 나쁘다고 할 수 있습니다.

시(詩), '황무지'로 널리 알려진, 20세기를 대표하는 시인의 한 사람이자 위대한 자유주의 사상가(great liberal)였던 엘리엇 (T. S. Eliot)은 1930년대 초반에 "악이 졸음보다 낫다. The evil is better than asleep."는 유명한 표현을 남겼습니다.

그가 말한 '졸음(asleep)'이란 잠든 것도 아니고 깨어있는 것도 아닌 상태, 아는 것도 아니고 모르는 것도 아닌 상태, 싸우는 것도 아니고 싸우지 않는 것도 아닌 상태, 경계가 불분명한 상태를 뜻한 것으로 애매모호한 인식과 태도, 지적 나태함을 의미합니다.

사상의 빈곤을 면치 못하고 있는 남한의 우파 정치인들, 언론인들, 지식인들이 평등주의자들의 사상투쟁, 역사투쟁, 체제투쟁을 과소평가한 나머지 사상적·지적 졸음 상태에서 벗어나지 못하고 모든 것을 상실하게 된다면 이것은 단순한 악으로 끝나는 것이 아니라 민족적·국민적 대재앙이 되고 뒤따라올 미래 세대에 대한 죄악이 될 것입니다.

사상의 빈곤 탈출, 사상의 졸음 상태에서 깨어나는 것만큼 절실한 과제는 없습니다. 사상의 빈곤 탈출과 사상의 졸음 상태에서 깨어남이란 인류가 지향하고 있는 보편 가치와 원칙에 바탕을 두고 있는 자유주의 사상을 정확하게 인식하고, 이에 대해 확신을 갖는 것이며, 자유주의 체제 옹호와 수호를 위해 평등주의의 위협에 감연히 맞서 싸우는 것을 의미합니다.

자유주의 체제는 끊임없는 도전과 우여곡절을 겪으면서 발전해 왔고 성숙해 왔으며 앞으로도 같은 과정을 겪게 될 것입니다. 자유주의 체제가 지니고 있는 원초적 에너지는 작용(作用)과 반작용(反作用)을 통하여 자정력(自淨力)과 자생력(自生力)을 발휘하는 창조력에 있습니다. 따라서 한 때의 위기 때문에 자유주의 체제에 대한 믿음을 포기하거나 회의를 갖는 것은 잘못되고 위험한 생각입니다.

자유주의에 대한 확신은 자유주의 사상이 내포하고 있는 보편 가치에 대한 확신을 말합니다.

2017년 2월 3일 조선일보가 사설에서 '희생과 책임'을 보수적 가치라고 한 것은 자유주의 가치를 의미했을 것입니다. 희생과 책임은 보수적 가치라기보다 모든 공동체 구성원에게 적용되는 일반적 사회윤리에 해당합니다.

자유주의 가치란 그처럼 간단하고 추상적이거나 관념적인 것이 아닙니다. 장구한 세월에 걸친 간고(艱苦)한 경험과 투쟁을 통하여 검증된 역사적 진실에 근거한 가치를 말합니다.

자유주의 사상이 위대하다는 것은 자유주의의 가치가 위대함을 뜻합니다.

자유주의가 지닌 보편 가치란 인간의 존엄성, 자유와 평화, 법 앞의 평등, 기회의 평등, 사유재산권, 경쟁과 번영, 정의와 사랑이라는 것은 오늘날 국제사회에서 상식으로 받아들여지고 있습니다.

이와 같은 보편 가치를 구체적으로 실현하기 위한 국가 체제가 개인주의를 기본 바탕으로 하는 자유민주주의 정치 체제와 자유자본주의 경제 체제이며, 이를 통틀어서 자유주의 체제라고 합니다.

자유주의 체제를 수호하고 선진국 수준으로 발전시켜 나아가려면 법치주의도 선진국 수준으로 확대시켜 가야 합니다. 자유주의 체제의 존립과 성패를 좌우하는 기본원칙(cardinal principle)이 법치(rule of law)이기 때문입니다.

법치주의가 미약한 사회에서 자유민주주의와 자유자본주의는 성공하기 어렵고 발전할 수도 없습니다. 대한민국 자유주의 체제가 후진성을 면치 못하고 있다면 이것은 대한민국의 법치주의 환경이 후진적임을 의미합니다. 우리나라는 정치의 법치화, 법치의 정치화가 아주 심한 나라입니다. 정치권력의 영향이 검찰과 사법부에 강하게 작용해 왔고, 이제는 사상성, 대중성, 지역성까지 법치에 끼어들면서 법치주의에 의한 정의 실천은 점점 멀어져 가고 있습니다.

정치권은 한때의 여론, 심지어 의도적으로 만들어낸 여론을 등에 업고 자신들의 정치적 이익과 편의에 따라 특별법을 만들 뿐만 아니라 헌법에 금지되어 있는 소급입법까지 제정하여 처벌하고, 국가의 이름으로 개인의 재산까지 빼앗아가는 것이 당연한 것처럼 상습화되어 가고 있습니다.

대법원의 대법관들과 헌법재판소의 재판관들의 임명은 대통령, 대법원장, 국회, 여당, 야당에 법적으로 할당된 수에 따라 추천된 후보들에 국한되어 이루어지기 때문에 정치권력으로부터 사법부의 독립은 원천적으로, 제도적으로 부정되고 있습니다.

이것은 법치를 행정부, 입법부, 사법부가 나눠 갖는 것을 전제로 합니다. 이것은 대한민국 법치주의가 지니고 있는 치명적 결함이며, 후진국적 독소입니다. 이러한 환경에서 이뤄지는 중요 사건에 대한 판결은 집권세력의 영향에서 벗어날 수 없습니다. 더욱이 연고주의 문화가 강하고 신의와 보은 심성이 강한 한국적 풍토 속에서 정치·사회적 의미가 큰 사건일수록 법과 법관의 양심에 따라 재판이 이루어지기를 바란다는 것은 불가능에 가깝다는 것을 우리의 경험이 말해주고 있습니다. 정파성, 지역성, 사상성이 판결에 크게 영향을 미칠 수밖에 없는 것이 엄연한 현실입니다.

  공정함과 정의란 그들만의 말장난에 불과합니다. 이러한 사회를 사람들은 무법천지(無法天地, lawless land)라고 합니다. 자유주의 체제에서 법치주의 확립을 위한 노력과 투쟁은 자유주의 체제 수호와 발전을 위한 노력과 투쟁 만큼 중요합니다.

  무법천지란 정의가 법의 보호를 받지 못하는 사회, 법의 이름으로 법치정신을 유린하는 사회, 법의 이름을 빌려 정의를 조작해내는 사회를 말합니다. 보편적 법치 사상에 입각한 법치의 지배를 받는 자유 사회에서만 질서와 정의를 누릴 수 있습니다. 법치란 인간이 선천적으로 지니고 있는 과도한 열정과 욕구를 억제하기 위한 문명사회의 제도적 장치입니다.

  한때의 여론이, 정치권력이, 지역성이, 사상성이 법치를 좌우하게 되면 그 사회는 조폭사회와 다를 바가 없게 됩니다. 조폭사회는 가장 힘 센 자, 추종자들을 가장 많이 거느리고 있는 자, 사회 질서와 법을 두려워하지 않는 자가 지배하는 사회입니다. 조폭사회에서는 조직원들의 열정과 욕구가 억제되기는커녕 오히려 조장되고 칭찬을 받습니다.

  오늘날 우리는 글로벌 시대를 살아가고 있습니다. 글로벌화를 둘러싼 찬반이 계속되고 있는 것도 사실입니다.

　그러나 글로벌화는 한때 머뭇거리거나 주춤거릴 수는 있어도 멈추거나 뒤돌아갈 수는 없습니다. 일반적으로 글로벌화라고 하면 통상(通商)을 생각하지만 통상은 일부분에 지나지 않습니다. 오히려 전쟁, 인권, 기후, 환경, 질병, 빈곤, 테러, 우주탐색, 과학과 기술 같은 요소들이 지구 차원, 범인류 차원에서 다뤄지지 않을 수 없기 때문에 글로벌화는 날로 심화되어 갈 수밖에 없는 운명을 지니고 있습니다.

　미국의 트럼프(Trump) 행정부가, 프랑스의 르펜(Le Pen)이 반대한다고 해서, 영국이 EU를 탈퇴한다고 해서 인류 역사의 흐름을 가로막고 역류시킬 수는 없습니다.

　글로벌화의 최종 종착지는 자유주의 사상이 내포하고 있는 인류의 보편 가치와 원칙의 글로벌화입니다. 이것은 실현 불가능한 꿈이 아니라 시간의 경과와 함께 이루어져야 하는 인류의 소망입니다. 인류는 야만시대로부터 출발하여 문명시대를 이루면서 글로벌 시대, 지구행성 시대로 진입하고 있습니다. 글로벌화는 인위적 계획과 실천의 결과가 아니라 인간사회의 자연발생적 질서가 진화를 거듭하면서 생겨난 현상이기 때문에 그 누구도 막아낼 수 없습니다.

　한국은 글로벌화 혜택을 가장 많이 받고 있는 나라입니다. 그런데 남한의 좌파들은 글로벌화를 서구자본주의 국가들이 연출해낸 음모인 양 주장하면서 반대하고 있습니다. 글로벌화를 반대한다는 것은 자유주의 사상을 반대한다는 의미입니다. 이것은 세계사 흐름을 거부하는 것과 다르지 않습니다. 시대적 상식을 저버리는 무지한 사고라고 하지 않을 수 없습니다.

　당대의 국제사회 석학들은 글로벌화야말로 인류의 축복임을 역설하고 있습니다. 미국 일리노이대학교 경제·역사학 교수인 맥클로스키(D. N. McCloskey)는 1800년 세계 인구 10억 중 95%가 빈곤층(1일 3달러 생활비 사용)이었고, 1960년대는 세계 인구 50억 중 40억이 빈곤층이었으나, 2000년대에 와서 세계 인구 70억 중 빈곤층 인구가 10억으로 줄어든 것은 자유주의 사상에 입각한 글로벌화 덕분이라고 하였습니다.

노벨경제학상 수상자이며 미국 프린스턴 대학교 교수인 앵거스 디턴(Angus S. Deaton) 교수가 2017년 1월 17일 매일경제신문에 기고한 특별 기사에서 지난 30년간 전 세계 인구가 지속적으로 증가한 가운데 빈곤층 인구는 10억 이상 줄어들었고 인도, 중국, 베트남, 멕시코, 한국 같은 국가들이 대표적이라고 하면서 글로벌화는 여전히 축복이라고 썼습니다.

지난 30년 이란 글로벌화가 본격적으로 진행된 기간을 말합니다. 현재 UN은 10년 내 나머지 빈곤층 10억 인구를 빈곤으로부터 해방시키려는 계획을 추진하고 있습니다.

21세기 자유주의 체제는 줄어드는 것이 아니라 꾸준히 증가하고 있는 반면 평등주의 체제는 부를 창출하고 빈곤을 퇴출하며 인권을 신장하는 데 완전히 실패하였습니다. 북한, 쿠바, 베네수엘라가 여기에 속하는 대표적인 국가들입니다. 글로벌화를 촉진하는 원동력은 자유주의 사상입니다.

영국, 미국 같은 선진 국가들도 그들의 자유주의 체제 건설과 발전을 위해 수백 년의 노력과 투쟁을 겪어야 했습니다. 자유주의 사상과 체제가 전무했던 대한민국은 이제 겨우 70년이라는 짧은 세월 동안 시행착오를 거듭해왔습니다.

남한의 자유주의 체제를 공고히 하고 언젠가는 북한 역시 자유주의 체제에 편입된다고 가정했을 때 얼마나 긴 세월이 걸릴지 알 수 없습니다. 이 과정에서 항상 위험한 것은 진짜 흉내를 내는 가짜들입니다.

자유주의자 가면을 쓴 평등주의자들이 가장 위험하고, 얼치기 자유주의자면서 진짜 자유주의자인 양 말하고 행동하는 자들이야말로 자유주의 체제의 장래를 가로막고 위태롭게 하는 주범들이므로 이들을 경계하지 않으면 안 됩니다.

오늘날 남한사회는 사상이 빈곤하고 탐욕에 사로잡힌 가짜 자유주의자들과 천박하고 위험한 사상과 피해 편집증의 배타적인 민족주의 사상에 갇혀 분노와 증오에 의존하여 체제를 변혁시키려고 하는 평등주의자들이 장악하고 있다고 해도 과언이 아닙니다.

한국은 개인 간의 경쟁을 바탕으로 한 소득 격차와 신분 격차를 아예 근본부터 부정하는 사고가 팽배하고 있는 사회주의 국가라고 단언하는 박정자 상명대 명예교수의 글은 과장이 아닙니다. 박정자 명예교수는 프랑스가 대혁명을 거친 후 두 번의 제정(帝政), 두 번의 왕정(王政), 가혹한 학살 사건을 곁들인 세 번의 혁명을 80여 년간 겪고 난 뒤인 1870년에 와서야 현재와 같은 공화국 체제가 자리 잡을 수 있었다는 역사적 예를 들면서, 2017년 대선 과정에서 유력 대선 후보가 '혁명'을 함부로 입에 올리며 "법은 소용없다."고 주장한 것을 우려한 것도 과장이라고 할 수 없습니다.

그러한 주장은 전혀 새로운 것이 아니라 남한의 평등주의자들이 내세워 온 전형적인 '민중민주주의' 논리입니다.

대한민국의 자유주의 체제는 마치 흰 붕대에 감겨 있는 미라의 모습과도 흡사합니다. 정치인들은 투우사들이 투우 앞에서

붉은 망토를 휘두르는 듯이 대중을 농락해 왔습니다. 정치권력과 세속의 명예에 굶주린 지식인들은 권력자 주변을 불나방처럼 드나들고 있습니다. 선동가들과 기회주의자들이 휘젓고 다닙니다. 국민은 마치 물에 잠긴 델타(delta)에서 만난 난민처럼 구조선의 도착을 기다리는 신세와도 같습니다.

상식이 쓸모가 없어지고 모순만 늘어나고 있습니다.

잘못된 사회, 잘못되어 가고 있는 사회에서는 상식이 붕괴되는 만큼 모순도 증가합니다. 우리는 그야말로 중대한 민족사적 기로에 서있습니다. 6.25 전쟁 다음으로 중대한 기로에 처해 있습니다. 입헌자유민주공화국 체제를 수호하려는 자유주의자들은 피할 곳도, 숨을 곳도 없는 벼랑 끝에서 싸우지 않을 수 없게 되었습니다.

이 싸움은 단순한 체제 수호를 위한 싸움이 아니라 민족사적 상승의 길을 택할 것인지, 아니면 추락의 길을 택할 것인지를 두고 판가름을 내야만 하는 싸움입니다. 상승의 길은 자유주의 체제이고, 추락의 길은 평등주의 체제입니다.

우리는 상승의 길로 나아가야 합니다. 당연한 상식 같지만 현실은 심하게 뒤틀려 있습니다. 대한민국 국민은 1948년~2000년 사이에 자유주의 사상의 힘으로 우리 사회를 혁명적으로 변화시키고 발전시켰습니다. 이제 또 한 번의 혁명적 변신과 변화가 요구되고 있습니다.

그러나 우리는 이 문제에 대해 심각하게 자문자답부터 해봐야만 합니다. 만약 우리가 경험하고서도 깨닫지 못하는 국민이라면 불가능할 수 있습니다. 우리가 지난날의 경험들을 뒤돌아보면서, 세계사 흐름을 직시하면서, 선동가들의 먹잇감이 되거나 기회주의자들의 농락거리로 전락하지 않고, 가짜들의 가면을 벗겨내고, 졸고 있는 자들을 다시 일으켜 세울 수 있을 때, 비로소 혁명적 변신과 변화를 도모할 수 있습니다.

   사상에서 산술적 중도란 없습니다.
   사상적 중도를 내세우는 자들은 사상적으로 졸고 있는 자들의 잠꼬대에 불과합니다. 사상이란 학자들의 장난감도 아니고 일반 국민들의 장식물도 아닙니다. 자유주의 체제를 수호하고 발전시켜 가려면 자유주의 체제를 위협하는 평등주의자들의 가면을 철저히 벗겨내고 노출시키고 고립시켜 나가야 하고, 끊임없는 학습과 배움으로 자신의 사상을 심화시켜 가야 합니다.
   이것이야말로 남한사회를 견고한 자유주의 체제의 기지로 만드는 길이며, 한반도의 자유통일을 담보하는 유일한 길이자 최선의 길입니다. 이 길만이 우리에게, 우리 민족에게 자유를 동반한 평화와 번영, 자유를 동반한 통일을 인도해줄 것입니다.
   자유주의 체제를 뒤엎고 평등주의 체제로 가겠다는 것은 '국가 할복' 행위이자 '국가 자폭' 행위라고 할 수 있습니다.

〈인명 찾아보기〉

가네코 겐타로 27

가네코 겐타로(金子堅太郎, 1853년 3월 13일~1942년 5월16일)는 이토 히로부미 3차 내각에서 농상무대신, 4차 내각에서 법무대신을 지낸 관료로 러일전쟁 당시 귀족원 의원이었다. 하버드대학 로스쿨을 졸업하여 미국에도 지인(知人)이 많았던 그는 T. 루즈벨트 대통령과도 하버드대학 동창이었다. 전쟁이 장기화될 경우 강화(講和)를 조정할 나라로 미국을 염두에 둔 이토 히로부미는 미국에 가서 친일 여론을 형성하라고 당부하며 가네코 겐타로를 특사로 파견했다.

갈브레이스 68

존 K. 갈브레이스(John Kenneth Galbraith, 1908년 10월 15일~2006년 4월 29일)는 캐나다에서 태어난 미국의 경제학자다. 그는 케인즈주의적인 20세기 미국의 자유주의와 진보주의를 주도한 인물이다. 하버드대학과 프린스턴대학 교수로 재직하며 많은 경제적 견해들을 발표하였고, 정부 관직을 두루 맡아 현실 경제에도 폭넓게 참여해왔으며, 1972년에는 미국경제인연합회 회장을 맡기도 했다. 대표적인 저서로는 『대공황』, 『미국의 자본주의』, 『불확실성의 시대』, 『대중적 빈곤의 본질』 등이 있다.

고르바초프 67

미하일 고르바초프(Mikhail Gorbachev, 1931년 3월 2일~)는 소비에트 연방의 정치가로 제8대, 9대, 11대 국가수반 겸 당서기장을 역임하였다. 1985년부터 1991년까지 소련 공산당 서기장이었고, 1985년부터 1990년 3월까지 소련의 총리로 있었다. 재임 중 추진했던 소련의 개방정책인 페레스트로이카는 소련을 비롯한 동구권 공산주의 국가들의 개혁과 개방, 그리고 사상 해방에 큰 영향을 주었다. 소련 붕괴 이후 냉전을 종식시킨 공로로 1990년 노벨평화상을 수상하였다.

골드워터 64

배리 M. 골드워터(Barry Morris Goldwater, 1909년 1월 1일~1998년 5월 29일)는 미국의 상원의원으로 공화당 대통령 후보(1964년)에 올랐던 정치가다. 대소(對蘇) 강경외교를 주장하여 소련과의 군비제한협상에 반대했고, 민주당원들이 미국에서 준(準)사회주의 국가를 만들려 한다고 비난했다. 1964년의 대통령 예비선거에서 몇 번의 중요한 승리를 거둔 뒤 1차 투표에서 공화당 대통령 후보로 지명되었다. 당시 현직 대통령이었던 린든 B. 존슨에 맞서 치열한 선거전을 펼쳤으나 극단적 반공주의자로 몰려 선거에서 패했다. 저서로 『한 보수주의자의 양심 The Conscience of a Conservative(1960)』, 『새 시대의 도래 The Coming Breakpoint(1976)』, 『솔직한 고백 With No Apologies(1979)』 등이 있다.

공자 41, 105

공자(孔子, 기원전 551년~기원전 479년)는 오늘날 중국의 산둥성 취푸(曲阜) 동남쪽에서 하급귀족 무사인 아버지 숙량흘(叔梁紇)과 어머니 안(顔)씨 사이에서 태어났다. 이름은 구(丘), 자(字)는 중니(仲尼)다. 공자는 기원전 500년 노나라 정공과 제나라 경공의 회담에서 의례를 맡아 노나라가 빼앗긴 땅을 돌려받음으로써 명성이 드높아졌다. 이때가 그의 정치 생활 최전성기였다. 그러나 공자는 계씨를 비롯한 삼환 씨 세력을 타도하려다가 실패하고 한 무리의 제자들과 함께 고국을 떠나(기원전 497년) 여러 나라를 돌아다니다가 14년만인 기원전 484년 노나라로 돌아왔다. 이후 공자는 노나라의 악(樂)을 정비하고 제자를 가르치며 문헌을 정리하는 데 전념했다.

괴벨스 157

파울 요제프 괴벨스(Paul Joseph Goebbels, 1897년 10월 29일~1945년 5월 1일)는 나치스 집권 독일에서 국민 계몽 선전부 장관으로 나치스 선전 및 미화를 책임졌던 히틀러의 최측근 인물이다. 1933년 나치스가 정권을 잡자 국민 계몽 선전부 장관, 문화회의소 총재를 지내며 교묘한 선전, 선동 정치를 하여 많은 국민을 전쟁에 동원하였다. '나치당의 뇌'라고 불리울 만큼 지식인이었던 그는 세계 최초로 정기적인 라디오, TV 방송을 통해 정치 선전을 한 것으로 유명하다.

굿윈 59

도리스 K. 굿윈(Doris Kearns Goodwin, 1943년 1월 4일~)은 1964년 콜비 대학교를 졸업하고, 하버드 대학교에서 박사 학위를 받았다. 린든 존슨 대통령의 보좌관을 지냈으며, 하버드 대학교에서 10년간 '미국 대통령의 통치' 등에 관해 가르쳤다. NBC방송과《짐 레러와의 뉴스시간》의 정치 분석가로 활동하기도 했으며, 1995년『No Ordinary Time』으로 퓰리처상을, 2005년에는『권력의 조건(Team of Rivals)』으로 링컨상을 탔다.

그람시 103, 104

안토니오 그람시(Antonio Gramsci, 1891년~1937년)는 서구 맑스주의 형성에 크게 기여한 이탈리아의 정치이론가다. 1914년, 이탈리아 사회당에 가입한 후 당내 좌파를 이끄는 주요 이론가로 성장해《신질서》라는 신문을 발간했으며, 1921년 이탈리아 공산당을 창당했다. 그러나 무솔리니의 파시스트 정권에 의해 공산당이 불법 단체로 규정되면서 체포되어 옥고를 치렀다. 이 기간에『옥중수고』라는 저작을 남겼다. 일상생활에서 인식과 활동을 변화시키는 계기의 문제를 '문화'와 결합하려 시도한 맑스주의자로 유명하다.

그레고리 1세   47

그레고리 1세(Gregory the Great, 540년~604년)는 서방 4대 교부(敎父)의 한 사람이자 교회 박사로서 그레고리우스 대교황이라고도 한다. 로마 시장(572년~573년)을 거쳐 로마, 시칠리아 등에 사재(私財)로 수도원을 설립하고 스스로 수도사가 되었으며, 590년 최초의 수도사 출신 교황이 되었다. 성직의 매매를 금하고 복음화사업과 사회사업을 장려하였는데 특히 빈민·난민·포로·노예를 보호하면서 로마, 시칠리아 등의 교황령(敎皇領)을 확보하고 교황권을 확장하였다.

글래드스턴   147

윌리엄 E. 글래드스턴(William Ewart Gladstone, 1809년 12월 29일~1898년 5월 19일)은 영국의 정치가로 자유당 당수를 지냈으며, 수상직을 4차례 역임하였다. 윈스턴 처칠과 함께 가장 위대한 영국의 수상으로 여겨진다. 『국가와 교회와의 관계(1838)』, 『호메로스와 그의 시대(1858)』 등의 저서가 있다.

김대중   81, 82, 95, 96, 97, 105, 108, 143

김대중(金大中, 1924년 1월 6일~2009년 8월 18일)은 제15대 '국민의 정부' 대통령을 지낸 정치가로 1985년 김영삼과 함께 민주화추진협의회 공동의장직을 맡았고, 2000년 노벨평화상을 받았다. 『한국의 통일(1993)』, 『대중참여 경제론(1997)』, 『다시, 새로운 시작을 위하여(1998)』 등의 저서가 있다. 비현실적 햇볕정책으로 남북문제를 해결하려고 했다.

김영삼   4, 74, 79, 84, 94,108, 131, 132, 143, 152

김영삼(金泳三, 1927년 12월 20일~2015년 11월 22일)은 제14대 '문민정부' 대통령을 지낸 정치가로 9선 의원을 역임했고, 1985년 김대중과 함께 민주화추진협의회 공동의장직을 맡았다. 1987년 통일민주당을 창당하여 총재가 되었으며, 1990년 민주자유당을 창당하여 대표최고위원이 되었다.

김일성   93

김일성(金日成, 1912년 4월 15일~1994년 7월 8일)은 북한의 정치가로 1948년부터 1994년 사망할 때까지 내각수상과 국가주석으로 권력을 독점하면서 개인숭배 체제를 구축했으며, 6.25전쟁을 일으켜 남북 분단을 공고화하였다. 김성주에서 김일성으로 개명(改名)했다.

김정은   97

김정은(金正恩, 1984년 1월 8일~)은 북한의 정치인이자 최고 지도자다. 김정일 전 국방위원장의 아들로서 2009년 후계자로 내정되었고, 2010년 9월 조선노동당 중앙군사위원회 부위원장이 되었으며, 2011년 12월 아버지 김정일이 사망하자 권력을 승계하였다.

김정일   81,82, 97

김정일(金正日, 1942년 2월 16일~2011년 12월 17일)은 김일성의 장남으로 태어나 1974년 후계자로 확정되었고, 1994년 김일성이 사망한 뒤 권력을 승계한 북한의 정치가다. 권력 승계 이후 죽을 때까지 17년 동안 국방위원회 위원장, 조선노동당 총비서, 조선인민군 최고사령관, 정치국 상무위원, 최고인민회의 제10기 대의원 등의 공식 직함을 가진 북한 최고 실력자로 군림했다.

김종태 93
김종태 (金鍾泰, ?~1969년)는 통일혁명당 사건으로 사형 당한 사회운동가다.

김태동 110
김태동은 2015년 당시 국정교과서를 채택했던 문명고등학교의 교장이다.

김현희 95
김현희 (金賢姬, 1962년 1월 27일~)는 1987년 11월 29일, 대한항공 858편 폭파 사건, 일명 'KAL기 폭파 사건'의 범인이다. 범행 후 사형 판결을 받았으나 사면되었다.

나이 55
조셉 나이(Joseph S. Nye, Jr.)는 하버드대학교 케네디 행정대학원의 석좌교수로서 외교문제 전문가다. 그는 보안, 과학, 기술 담당 국무차관보, 핵무기 비확산 국가안전보장회의 의장, 국가정보위원회 의장, 국제안보담당 국방차관 등을 역임했다. 2015년 『미국의 세기는 끝났는가? Is the American century over?』라는 책에서 금세기 중 미국의 쇠락은 있을 수 없다고 주장하였다.

나카소네 147
나카소네 야스히로(中曽根 康弘, 1918년 5월 27일~)는 일본의 정치가로 제71, 72, 73대 총리를 역임했다. 1960년대 초반 한일 양국의 국교 정상화 과정에서 중요한 역할을 하였고, 1983년에는 일본 총리로서 처음으로 한국을 방문해 대한(對韓) 경제협력자금 지원을 결정하는 등 한일 우호증진에 앞장섰다. 그러나 1985년 8월 15일, 야스쿠니 신사를 공식 참배함으로써 한국·중국을 비롯한 주변국으로부터 강한 반발을 사기도 하였다.

노무현 72, 96, 97, 143

노무현(盧武鉉, 1946년 9월1일~2009년 5월 23일)은 인권변호사 출신의 제16대 참여정부 대통령이다. 퇴임한 뒤 고향인 봉하마을에 귀향하였으나 재임 중 친인척 비리로 조사를 받다가 2009년 5월 23일 사저 뒷산의 부엉이바위에서 투신, 서거하였다.

닉슨 63

리처드 M. 닉슨(Richard Milhous Nixon, 1913년 1월 9일~1994년 4월 22일)은 '닉슨 독트린'을 제창하고, 미국 대통령으로서는 최초로 중국을 방문한 미국의 제37대 대통령이다. 1972년 선거에서 민주당의 조지 맥거번을 상대로 매사추세츠주를 제외한 49개 주에서 승리하며 재선되었으나 1974년, 워터게이트 사건으로 임기 중 사퇴하였다.

대처 67, 146

마가렛 II. 대처(Margaret Hilda Thatcher, 1925년 10월 13일~2013년 4월 8일)는 유럽 최초의 여성 총리이자 20세기 들어 영국 총리직을 3번 연임한 최초의 인물로서 총리 재임기간이 1827년 이래 가장 길었다. 대처는 내각의 엄격한 규율, 강력한 통화주의 정책, 노동조합에 대한 법적 규제의 확대 등으로 '철의 여인'이라 불렸다.

더글러스 59

스티븐 A. 더글러스(Stephen Arnold Douglas, 1813년 4월 23일~1861년 6월 3일)는 미국 일리노이주 출신의 정치인으로 미국 하원 및 상원 의원을 지냈으며, 1860년 민주당의 대통령 후보에 오르기도 했다(당시 공화당의 A. 링컨이 대통령으로 선출됨). 더글러스는 한때 상원 콘테스트에서 링컨을 이겼으며, 이 사건은 '1858년 링컨-더글러스 논쟁'으로 잘 알려져 있다.

디즈레일리 146

벤자민 디즈레일리(Benjamin Disraeli, 1804년 12월 21일~1881년 4월 19일)는 영국의 소설가, 정치인으로 1874년 총선거에서 휘그당을 물리치고 1880년까지 정권을 잡았으며, 1877년 빅토리아 여왕에게 제관(帝冠)을 바쳐 대영제국을 성립시켰다. 어릴 때부터 정치소설을 썼는데, 1826년 소설 『비비언 그레이』로 문명(文名)을 얻어 소설가로 알려졌고, 1837년 정계 입문 후에도 『코닝스비 Coningsby(1844)』, 『시빌 Sybil(1845)』, 『탱크렛 Tancred(1847)』 등 정치소설로 토리 데모크라시를 주장하는 동시에 보호무역주의 지도자로 두각을 나타냈다.

디턴 167

앵거스 디턴(Angus Stewart Deaton, 1945년 10월 19일~)은 영국·미국 국적의 경제학자로, 소비와 빈곤, 복지에 대한 분석 연구 등으로 2015년 노벨경제학상을 수상하였다. 2009년 미국경제학회 회장을 역임하였으며, 저서로는 『위대한 탈출 : 건강, 부 그리고 불평등의 기원 The Great Escape : Health, Wealth, and the Origins of Inequality』(2013) 등이 있다.

레닌 103

레닌의 본명은 블라디미르 일리치 울리야노프(Vladimir Ilich Ulyanov, 1870년 4월 22일~1924년 1월 21일)이고 공식명인 니콜라이 레닌은 1902년 경부터 사용한 필명이다. 러시아 11월 혁명(볼셰비키혁명, 구력 10월)의 중심인물로서 K.카우츠키의 독일파 맑스주의에 대립하여 러시아파 맑스주의를 발전시킨 혁명 이론가이자 사상가다. 무장봉기로 과도정부를 전복하고 이른바 프롤레타리아 독재를 표방하는 혁명정권을 수립한 다음 코민테른을 결성하였다.

레이건 58, 63, 64, 65, 66, 67, 68, 146, 158

로널드 W. 레이건(Ronald Wilson Reagan, 1911년 2월 6일~2004년 6월 5일)은 미국 제40대 대통령으로서 보수적인 공화당 정책을 펼친 것으로 유명하다. 1966년 공화당 후보로 캘리포니아 주지사에 당선되었고 1970년 재선되었으며, 1981년에는 지미 카터에게 압도적인 승리를 거두며 미국의 제40대 대통령이 되었다. '작은 정부' 노선을 적극 추구했던 그는 재임기간 동안 미국경제의 재활성화를 위해 레이거노믹스를 채택해 대폭 감세를 단행했고 강력한 국방을 바탕으로 한 대소(對蘇) 압박정책을 통하여 구소련 붕괴를 촉진하였다.

로베스피에르 156

로베스피에르(Maximilien de Robespierre, 1758년 5월 6일~1794년 7월 28일)는 '흡혈귀', '냉혈동물' 등과 같은 지독한 악명과 동시에 '민주주의자', '자유와 인민의 벗'이라는 찬사를 받는 인물이다. 프랑스 혁명 초기의 활동은 미약했으나 점차 자코뱅 클럽과 국민공회에서 주도권을 잡았고 루이 16세를 단두대에 보낸 급진주의자였다.

로이드 조지 147

데이비드 로이드 조지(David Lloyd George, 1863년 1월 17일~1945년 3월 26일)는 27세에 하원의원에 당선된 영국의 정치가다. 애스퀴스 내각의 재무상을 역임하고 제1차 세계대전 때 연립내각의 군수상을 거쳐 총리가 되었다. 전후에는 파리에서 열린 베르사유 회의에 영국 대표로 참가하였다. 아일랜드 문제로 총리직을 사직하고, 1923년 정계에서 은퇴하였다. 저서로『제1차 세계대전 회상록』등이 있다.

로크 42

존 로크(John Locke, 1632년 8월 29일~1704년 10월 28일)는 영국 경험론 철학의 시조이자 자유주의의 창시자로 추앙 받는 철학자다. 홉스의 사회계약론을 계승하면서도 홉스와는 달리 자연 상태는 전쟁 상태가 아니라 평화로운 상태라고 보았으며, 시민들이 탐욕적인 사람들에 의하여 자연 상태의 권리가 침해당하는 것을 막고 정의를 실현하기 위해 계약을 통하여 새로운 조정자로서 사회를 구성한 것이라는 '사회계약설'을 주장했다. 그의 저서들은 볼테르와 루소에게 영향을 주었고 미국혁명 뿐만 아니라 여러 스코틀랜드 계몽주의 사상가들에게도 영향을 미쳤다. 그의 사상은 프랑스 인권선언이나 미국 독립선언문 속에 반영되어 있다.

루소 13, 42

장 자크 루소(Jean-Jacques Rousseau, 1712년 6월 28일~1778년 7월 2일)는 스위스 태생의 프랑스 교육학자, 소설가, 작곡가, 철학자다. 18세기를 대표했던 인물로서『사회계약론』의 민권사상은 프랑스혁명에서 예언자적 역할을 담당하는 사상적 지주가 되었다. 맑스에 영향을 주었던『인간불평등기원론』과 자연 중심의 교육 이념을 제시한 소설『에밀』이 유명하다. 괴테, 맑스, 쉴러, 칸트, 톨스토이, 프뢰벨에게 큰 영향을 주었지만 교회로부터 추방당해 방랑 끝에 고독한 생애를 마쳤다.

루즈벨트 66, 68, 146

프랭클린 루즈벨트(Franklin Delano Roosevelt, 1882년 1월 30일~1945년 4월 12일)는 미국의 제32대 대통령으로 미국 역사상 유일무이한 4선 대통령이다. 대공황을 극복하기 위하여 '뉴딜(New Deal)'정책을 강력하게 추진하였다. 1936년 대통령에 재선되었고, 1940년 3선되었다. 카이로선언(Cairo Declaration, 1943.11.27)에서는 한국을 자유독립국가로 승인할 것을 결의하여 처음으로 한국의 독립이 국제적으로 보장을 받았다. 테헤란 회담

(1943.12), 얄타 회담(1945.2), 포츠담 회담(1945.7)등의 연합국 회의에서 전후 처리문제 등에 주도적 역할을 담당하였고, 전쟁종결에 많은 노력을 기울였다.

르펜　166

장-마리 르펜(Jean-Marie Le Pen, 1928년 6월 20일~)은 프랑스 극우 민족주의자로 극우파 정당 국민전선(FN)의 창립자이며 전 총재였다. 파리 법과대학을 다녔으며 1949년부터 3년 동안 극우학생단체인 '라 코르포'의 회장을 맡았다. 1954년에는 외인부대에 들어가 인도차이나·알제리 전쟁에 참전하기도 했다. 2017년 대선에서 마크롱 현 대통령과 대결했던 마린 르펜(1968년~)이 장-마리 르펜의 막내딸이다.

링컨　58, 62, 63, 146, 158

에이브러햄 링컨(Abraham Lincoln, 1809년 2월 12일~1865년 4월 15일)은 미국의 제16대 대통령으로 남북전쟁에서 북군을 지도하여 점진적인 노예 해방을 이룬 미 역사상 가장 위대한 대통령으로 손꼽힌다. 1863년 노예해방령을 선포했고 이듬해 재선되었지만 암살되었다. 그의 재선 취임연설은 남북전쟁의 승리를 넘어 미국의 대통합과 화해, 재건, 정신적 치유 등을 간절히 바라는 열망이 담겨져 있는 정치역사에 길이 남을 명연설로 워싱턴D.C.의 링컨기념관 내부에 새겨져 있다.

마호메트　41

원음으로 무하마드(Muhammad)인 마호메트(Mahomet Mohammed, 570년 4월 22일~ 632년 6월 8일)는 이슬람교를 일으킨 아랍의 예언자로서 이슬람교도에게는 최후, 최대의 예언자다. 신에게 받은 계시로 610년경부터 유일신 알라에 귀의(歸依)할 것을 설법했으나 박해를 받아 622년 메디나에서 성천(聖遷,

Hijra)한다. 아라비아 반도를 통일하고, 이슬람 국가의 터전을 구축했다. 마호메트에게 내려진 신의 계시는 성전 『코란』에 기록돼 있다.

맑스　12, 28

칼 맑스(Karl Heinrich Marx, 1818년 5월 5일~1883년 3월 14일)는 독일의 경제학자, 정치학자로 헤겔의 영향을 받은 무신론적 급진주의자다. 엥겔스와 경제학 연구를 하며 집필한 저서 『독일 이데올로기』에서 유물사관을 정립하였으며, 『공산당선언』을 발표하여 각국의 혁명에 불을 지폈다. 『경제학비판』, 『자본론』 등의 저서를 남겼다.

맥클로스키　167

데어드리 맥클로스키(Deirdre Nansen McCloskey, 1942년 9월 11일~)는 일리노이대 교수로 대표적인 보수주의 경제학자다. 본명은 도널드 N. 맥클로스키(Donarld Nansen McCloskey)인데 1995년 성전환 수술을 하고 개명했다. 경제사와 경제학방법론의 대가로 유명하다.

메르켈　147

앙겔라 메르켈(Angela Dorothea Merkel, 1954년 7월 17일~)은 독일의 정치인으로 2005년 선출된 총리다. 콜 총리의 신임으로 여성청소년부 장관이 되어 정치에 입문했고, 2000년 4월 기민당 최초의 여성 당수가 되었으며, 2005년 10월 연립정부 구성에 성공하면서 독일 총리로 선출되었다.

모세　41

모세(Moses)는 구약성서의 출애굽기에 나오는 예언자다. 호렙산에서 노예로 있던 히브리 민족을 해방시키라는 신의 음성을 듣고 이집트로 돌아가 협력자 아론과 함께 그들을 구출하였으며, 시나이산에서 십계명을 받았다. 구약성서 맨 앞의 다섯 책 『창세기』, 『출애굽기(탈출기)』, 『레위기』, 『민수기』, 『신명기』는 모세와 밀접한 연관이 있는 내용이라 '모세오경'이라고 일컫는다.

모택동 13, 99, 104

모택동(毛澤東, 1893년 12월 26일~1976년 9월 9일)은 중국의 혁명가, 정치가다. 중국공산당의 요직에서 활동하다가 중앙 제7차 전국대표대회에서 연합정부론을 발표하였으며, 장제스(蔣介石)와의 내전에 승리하고 베이징에 중화인민공화국 정부를 세웠다. 국가주석과 혁명 군사위원회 주석(1949년~1959년)으로서 제2차 5개년 계획의 개시와 더불어 문화대혁명을 일으켜 자신의 권력을 강화하였다. 『모순론』, 『지구전론(持久戰論)』, 『신단계론』, 『신민주주의론』 등의 저서가 있다.

무솔리니 99, 109

베니토 무솔리니(Benito Amilcare Andrea Mussolini, 1883년 7월 29일~1945년 4월 28일)는 이탈리아의 정치가로 파시스트당 당수, 총리를 역임했다. 히틀러와 함께 파시즘 독재자의 대표적 인물로 1939년 독일과 군사동맹을 체결하고 나치스 독일, 일본과 함께 국제 파시즘 진영을 구성하였다.

밀 19

존 스튜어트 밀(John Stuart Mill, 1805년 5월 20일~1873년 5월 8일)은 영국의 사회학자, 철학자, 정치경제학자다. 경험주의 인식론과 공리주의 윤리학, 자유주의적 정치경제사상을 바탕으로 현실 정치에도 적극 참여해서 하원의원을 지내기도 했다. 『논리학체계』, 『정치경제학원리』, 『자유론』 등 방대한 저술을 남겼고, 전집 33권(『Collected Works of John Stuart Mill』, University of Toronto Press)이 있으며, 동인도회사에서 일할 때 집필한 수많은 보고서도 남겼다.

박근혜　75, 78, 79, 80, 81, 88, 99, 109, 111, 130, 144

박근혜(朴槿惠, 1952년 2월 2일~)는 한국의 제18대 대통령으로 제5대~9대 대통령을 지낸 박정희의 딸이다. 제15~19대 국회의원을 지냈고, 2012년 12월 제18대 대통령선거에서 한국의 첫 여성대통령으로 당선되었다. 2016년 12월 이른바 '박근혜-최순실 게이트'로 인해 국회에서 탄핵소추안이 가결되어 대통령 직무가 정지되었고, 2017년 3월 10일 헌법재판소에서 탄핵을 결정함으로써 대통령직에서 파면되었다.

박원순　80

박원순(朴元淳, 1956년 3월 26일 ~)은 대한민국의 변호사, 사회운동가로 제35~36대 서울특별시장에 선출되었다.

박정자　168

박정자(朴貞子, 1943년 ~)는 상명대 명예교수로서 서울대학교 대학원 불문학 박사로 상명대학교 사범대학 학장을 역임했다.

박지원　82

박지원(1942년 6월 5일~)은 제14, 18, 19, 20대 국회의원으로 문화부 장관과 국민의당 대표를 역임했다.

박지향　32, 33

박지향(1953년 8월 18일~)은 미국 뉴욕주립대학교에서 박사학위를 받은 서양사학자다. 1992년부터 서울대학교 서양사학과 교수로 재직 중이며 동경대학과 케임브리지대학의 방문교수를 역임했다. 제국주의와 포스트식민주의를 집중 연구해왔으며, 영국과 아일랜드, 일본, 한국을 아우르는 비교사적 시각에서 역사를 바라보는 연구를 진행 중이다. 『영국사: 보수와 개혁의 드라마』, 『일그러진 근대, 100년 전 영국이 평가한 한국과 일본의 근대성』 등의 저서가 있다.

백낙청   101

백낙청(白樂晴, 1938년 1월 10일~)은 문학평론가, 영문학자다. 미국 브라운 대학에서 영문학과 독문학을 전공하고 1963년 서울대 교수가 되었다. 1966년 1월 계간지 〈창작(創作)과 비평(批評)〉을 창간했다.

버크   27, 43

에드먼드 버크(Edmund Burke, 1729년 1월 12일~1797년 7월 9일)는 영국의 정치가이자 정치사상가다. 1790년, 자코뱅주의에 반대하는 『프랑스혁명에 대한 고찰 Reflections on the Revolution in France』을 발표해 보수주의의 옹호자로 부상했다. '보수주의의 아버지'로 알려져 있으나, 기실 휘그당의 당원이었던 만큼 생전 스스로나 타인으로부터 보수주의자라는 정체성이 씌어진 적은 없다. 프랑스에 관한 버크의 저서들은 당대에 독일과 프랑스의 반혁명 사상을 고취하는 데 중요한 역할을 했으며, 그가 주장한 대의정부, 사유재산, 소집단의 중요성 등은 보수주의의 기본 특징이 되었다. 그의 사상은 미국혁명과 일본 메이지 유신에 직접적인 영향을 미쳤다.

부시   47

조지 W. 부시(George Walker Bush, 1946년 7월 6일~)는 미국의 제43대 대통령으로 2004년 선거에서 재선되어, 2009년 1월 20일까지 재임하였다. 집권 기간 중 아프가니스탄 전쟁(2001년), 이라크 전쟁(2003년)이 있었다. 제41대 대통령이었던 조지 H. W. 부시의 장남이다.

붓다 41

원어명이 석가모니(sakyamuni, BC 563?~BC 483?)인 붓다는 불교를 창시한 인도의 성자(聖者)로서 성은 고타마(瞿曇 Gautama), 이름은 싯다르타(悉達多 Siddhartha)이다. 부처님, 부처, 석가모니, 석가세존, 석존, 세존, 석가, 능인적묵, 여래, 불타, 붓다, 불(佛) 등으로 다양하게 불린다.

브란트 147

빌리 브란트(Willy Brandt, 1913년 12월 18일~1992년 10월 8일)는 독일연방공화국의 제4대 총리를 역임한 정치가다. 그는 아데나워 이래로 독일 정부가 고수하고 있던 "동독과 수교를 맺고 있는 국가와는 상대하지 않는다."는 '할슈타인 원칙'을 폐기하고, 공산권과의 교류협력을 적극 추진하는 '동방정책'을 표방하였다.

브린 150

마이클 브린(Michael Breen, 1952년 7월 31일~)은 영국 출신으로 35년 동안 한국에 거주해온 작가, 언론인, 기업인이다. 주한 외신기자 클럽 회장을 지냈고, 북한 전문 컨설턴트를 거쳐 기업인(버슨마스텔러코리아 상무이사, 인사이트 커뮤니케이션즈 회장)으로 활약하고 있다. 저서로『한국을 말한다』가 있다.

블레어 47

토니 블레어(Anthony Charles Lynton Blair, 1953년 5월 6일 ~)는 1994년 7월부터 2007년 6월까지 영국 노동당 당수를 역임한 정치가다. 그는 노동당을 선거에서 3연속(1997년, 2001년, 2005년) 승리로 이끈 유일한 정당인이다. 1983년 처음으로 하원의원에 당선됐으며 1994년 노동당 당수가 되자 '신노동당' 기치 아래 내부 개혁을 통해 극좌로 흐르던 노동당을 중앙무대로 끌어들이는 데 성공했다. 1997년 영국 총리에 오른 블레어는 집권 이후 사회정의와 시장경제를 결합시킨 일명 '제3의 길'(앤서디 기든스의 저서에서 유래된 표현)을 표방하여 인기를 끌었다.

비스마르크 52

오토 폰 비스마르크(Otto Eduard Leopold von Bismarck, 1815년 4월 1일 ~1898년 7월 30일)는 독일의 정치가, 프로이센 총리로 '철혈정책'을 펼쳐 독일을 통일했다. 통일을 위해 오스트리아 배척 정책을 폄에 따라 오스트리아-프로이센 전쟁이 발발하였고 프로이센이 승리하면서 오스트리아가 독일 연방에서 탈퇴하자 프로이센은 북독일 연방을 조직했다. 이후 프로이센-프랑스 전쟁에서 독일 연방 군주들이 빌헬름 1세를 황제로 추대하며 통일이 완성되었다. 비스마르크는 독일 제국의 초대 총리로서 철혈 재상이란 별명을 얻었다.

샤를마뉴 대제 47

샤를마뉴 대제(Charlemagne, 742년~814년, the Great, the 1st Holy Roman Emperor)는 프랑크의 국왕으로서 광대한 영토를 정복했던 위대한 전사였고, 한 시대의 시작을 상징하는 인물이었다. 재위 기간 동안 사방을 점령하여 지금의 스페인을 제외한 서유럽의 거의 전역을 통치했는데, 강력한 왕권을 가진 그가 서로마제국 황제가 되면서 게르만적 요소와 기독교, 그리고 고대 로마의 세 요소, 즉 서유럽 세계를 구성하는 3요소가 융합하게 되었다. 그의 사후, 서로마제국이 셋으로 분열되어 현재의 이탈리아, 독일, 프랑스의 시조가 된 것이다. 그는 원래 문맹이었지만 낮에는 전투나 통치에 임하고 밤에는 학업에 몰두하는 주경야독(晝耕夜讀)을 몸소 실천하는 불철주야의 노력으로 당대 최고의 지성인으로 탈바꿈했던 인물로도 유명하나.

소크라테스 152

소크라테스(Socrates, BC 469?~BC 399)는 기원전 5세기경 활동한 고대 그리스의 대표적인 철학자다. 문답법을 통한 깨달음, 무지에 대한 자각, 덕과 앎의 일치를 중시하였다. 말년에는 아테네의 정치문제에 연루되어 사형 판결을 받았다.

슐레진저 68

아서 슐레진저(Arthur Schlesinger Jr, 1917년 10월 15일~2007년 2월 28일)는 미국의 역사학자로 진보적인 입장에 서 있으며, 'Americans for Democratic Action'을 창설한 사람 중 하나다. 1973년에 펴낸 책 『제왕적 대통령(The Imperial Presidency)』에서 '제왕적 대통령'이라는 말을 만들어냈고, 대통령이 외교와 내정 모두에서 의회의 권력을 압도하는 것을 가리켜 '제왕적 대통령'으로 규정하면서, 국가가 직면하고 있는 근본적인 문제는 '대통령 권력의 확대와 남용'이라고 주장했다. 민주당파인 슐레진저는 닉슨 대통령을 겨냥해 '제왕적 대통령'이란 말을 썼던 것인데, 공화당파인 정치학자 새뮤얼 헌팅턴은 "드러난 권력은 약화된 권력이고, 은폐된 권력은 강화된 권력이다."라는 논리로 '제왕적 대통령'론을 반박했다.

스미스 42

애덤 스미스(Adam Smith, 1723년 6월 5일~1790년 7월 17일)는 영국의 정치경제학자, 도덕철학자로 고전경제학의 창시자다. 근대경제학, 맑스 경제학의 출발점이 된 『국부론』을 저술하였으며, 처음으로 경제학을 이론·역사·정책에 도입하여 체계적 과학으로 이룩하였다. 경제행위는 '보이지 않는 손'에 의해 종국적으로는 공공복지에 기여하게 된다고 생각하였으며, 예정조화설을 주장하였다.

스탈린   64, 66, 99

이오시프 스탈린(Iosif Vissarionovich Stalin, 1879년 12월 21일~1953년 3월 5일)은 소련의 정치가로 1903년 볼셰비키가 되어 레닌의 신임을 받았고, 1927년 당 중앙위원회를 장악하여 독재체제를 구축했다. 테헤란·얄타·포츠담 등의 거두회담에 참석, 연합국과의 공동전선을 굳혀 독일을 굴복시키는 데 일익을 담당했다.

신은미   68

신은미(申恩美, 1961년~)는 대한민국 태생의 미국의 언론인이다. 박순석 전 국회의원이 외조부다. 2011년 10월부터 2012년 5월까지 3차례에 걸쳐 40여 일 동안 북한을 여행했으며, 인터넷 신문 《오마이뉴스》에 여행기 〈재미동포 아줌마, 북한에 가다〉를 연재했다. 2014년 12월, 전북 익산에서 민노당 전 부대변인 황선과 함께 '통일 토크 콘서트'를 열었으나 북한 정치체제를 미화한다는 의혹을 받았다. 국가보안법 위반 혐의로 조사를 받은 그는 기소유예 처분을 받고 강제 출국 조치와 함께 향후 5년간 대한민국 입국이 금지되었다.

아데나워   147

콘라트 아데나워(Konrad Adenauer, 1876년 1월 5일~1967년 4월 19일)는 독일의 정치가이자 기민당(基民黨) 당수로, 1949년부터 1963년까지 서독의 초대 총리로 재임하였다. 잿더미에 빠진 독일을 재건해 세계 무대에 당당히 등장시킨 인물로 평가받고 있다. 경제정책 성공으로 '라인강의 기적'으로 불리는 경제 부흥을 이룩하였으며, 1963년 10월 물러날 때까지 3번 수상을 역임했다. 공산 세력과의 평화 공존을 믿지 않았으며 공산진영의 도발에 대해 강력하게 대처해야 함을 역설하기도 했다.

아리스토텔레스 152

아리스토텔레스(Aristotle, BC 384년~BC 322년)는 고대 그리스의 철학자다. 백과전서와 같은 학자로서 여러 학문 분야의 기초를 쌓고 논리학을 창건하기도 하였다. 플라톤의 학교에서 수학하고, 왕자 시절 알렉산더 대왕의 교육을 담당하였다. BC 335년에 자신의 학교를 아테네 동부의 리케이온에 세웠는데, 이것이 페리파토스(peripatetics, 소요학파消遙學派)의 기원이 된다.

안호상 107

안호상(安浩相, 1902년 1월 23일~1999년 2월 21일)은 민족사학자, 철학자, 사상가, 교육자, 정치가. 독일 예나대학교 대학원 철학박사로 초대 문교부장관이 되어 홍익인간의 이념을 근간으로 하는 교육이념을 토대로 한국교육의 방향을 설정했으며, 박종홍과 함께 국민교육헌장의 사상을 구축하는 데 참여하였다. 1992년에는 대종교 최고 지도자인 총전교에 올랐다.

애틀리 147

클레멘트 애틀리(Clement Richard Attlee, 1883년 1월 3일~1967년 10월 8일)는 영국의 정치가, 사회주의자로 노동당 당수, 국새상서(國璽尙書), 부총리 등을 지내고 노동당 단독 내각의 총리가 되었다. 인도의 독립을 인정하는 등 식민지 축소에 힘쓰고 국민의료보험제도의 창설 등 사회보장제도의 확립을 위해 노력하였다. 주요 저서는 『노동당 전망 The Labour Party in Perspective(1937)』이 있다.

액턴 157

존 E. 액턴(John Emerich Acton, 1834년~1902년)은 영국의 역사가, 정치

가다. 파리와 독일 등지에서 배우고 1859년 자유당으로 하원의원에 피선되었으며, 케임브리지 대학 교수로서 근세사를 전공하였다. 사후에 그가 감수한 『케임브리지 근대 총서』가 간행되었다.

에르하르트   147

루드비히 에르하르트(Ludwig Erhard, 1897년 2월 4일~1977년 5월 5일)는 독일의 관료, 경제학자, 정치가다. 1943~1945년 뉘른베르크산업조사연구소 소장직과, 제2차 세계대전 후 바이에른 주정부의 경제장관, 미영(美英) 통합점령지역의 화폐개혁준비특별기구 의장, 경제관리청 장관 등을 역임하였다. 1949년 독일연방공화국 수립 때 콘라트 아데나워 내각의 연방경제장관에 취임하여 전후 서독 경제부흥의 정책담당자가 되었다. 1963년부터 1966년까지 2대 총리를 지냈지만, 콘라트 아데나워와의 당내 경쟁에서 밀려 오래가지 못했다.

엘리엇   162

T. S. 엘리엇(Thomas Stearns Eliot, 1888년 9월 26일~1965년 1월 4일)은 미국에서 태어난 영국의 극작가, 시인, 비평가다. 1913년 이래 런던에서 살면서 교원, 은행원을 거쳐 《에고이스트Egoist》지(誌)의 부주필(1917~1919)을 지내다가 《크라이티어리언The Criterion(1922~39)》을 창간, 주필이 되어 제1호에 유명한 걸작 〈황무지(荒蕪地) The Waste Land〉를 발표했다. 1948년 노벨문학상을 수상했다.

예수   41, 45, 46

예수 그리스도(Jesus Christ)는 그리스도교의 창시자로 '예수'라는 말은 여호와의 메시아로 인정한다는 의미를 담고 있다. 그리스도교도에게 그리스도는 '살아 계신 하나님의 아들'이다.

오웰 34

조지 오웰(George Orwell, 1903년 6월 25일~1950년 1월 21일)은 인도에서 태어난 영국의 소설가다. 러시아 혁명과 스탈린의 배신에 바탕을 둔 정치 우화 『동물농장』으로 일약 명성을 얻었으며, 지병인 결핵으로 입원 중 걸작 『1984년(Nineteen Eighty Four, 1949)』을 완성했다.

요시다 147

요시다 시게루(吉田茂, 1878년 9월 22일~1967년 10월 20일)는 일본의 정치가로 제2차 세계대전 후에 외무장관을 지내고 당 총재에 취임하였다. 이후 제1, 2차 요시다 내각을 조직하고 총리를 역임하였다.

유수호 130, 131

유수호(劉守鎬, 1931년 12월 16일~2015년 11월 7일)는 대한민국의 정치인으로 유승민 바른정당 대표의 아버지다. 박정희 정권 시절인 1971년 부산지방법원 부장판사로 재직하면서 개표조작 사건 당사자에 유죄판결을 내리고, 그해 반정부 시위를 주도했던 당시 부산대 총학생회장 김정길을 석방시켰다. 이로 인해 박정희의 눈 밖에 나서 1973년에 판사 재임용에서 탈락하고 변호사로 개업하였다. 제13대 총선에 출마하여 대구 중구에서 당선되었고 다음 총선에서도 재선에 성공했다.

유승민 98, 130

유승민(劉承旼, 1958년 1월 7일~)은 제17~20대 국회의원으로 2017년 11월 바른정당 당대표로 선출되었다. 유수호 전 국회의원의 차남이다.

윤보선   122, 123, 132

윤보선(尹潽善, 1897년 8월 26일~1990년 7월 18일)은 정치인이자 대한민국 제4대 대통령이다. 영국 에든버러대학을 졸업하고 8.15 광복과 더불어 정계에 투신하였다. 4.19혁명으로 이승만 정권이 붕괴된 후 민주당으로 대통령 선거에 입후보하여 제4대 대통령에 선출되었다. 5.16군사정변으로 1962년 사임하고, 1963년 민정당을 창당하여 그해 대통령선거에 후보로 출마, 박정희와 겨루었으나 낙선하였다.

육영수   93

육영수(陸英修, 1925년 11월 29일~1974년 8월 15일)는 박정희(朴正熙) 대통령의 부인이다. 1974년 8월 15일 광복절 기념식이 열린 국립중앙극장 단상에서 조총련계 문세광에게 피살되었다.

워싱턴   60

조지 워싱턴(George Washington, 1732년 2월 22일~1799년 12월 14일)은 미국의 정치가, 독립혁명군 총사령관으로서 미 독립전쟁을 성공으로 이끌었다. 1787년, 헌법제정회의에서 새로운 연방헌법을 제정하고 중앙정부 권한을 강화하였으며, 1789년 초대 대통령이 되었다. 워싱턴의 대통령직 취임은 세계 역사상 각별한 의미가 있다. 세계사에서 최초로 국민이 직접 뽑은 사람이 국가원수가 된 사건이었다. 워싱턴의 취임이야말로 대통령 중심제로 대표되는 현대 정치의 진정한 출발이었다.

이명박   88, 144

이명박(李明博, 1941년 12월 19일~)은 대한민국 제17대 대통령이다.

이병도 107

이병도(李丙燾, 1896년~1989년)는 역사학자, 교육자로 진단학회(震檀學會) 이사장, 서울대학교 대학원장, 문교부장관, 학술원 회장을 지냈다. 1945년 해방이 되자 진단학회를 재건하고, 국어와 국사분야 중등교원의 양성을 위해 임시교원양성소를 설치했다. 1946년 서울대학교가 개교될 때에는 문리과 대학과 사학과 창설에 참여하기도 했다.

이석기 97

이석기(李石基, 1962년 2월 2일~)는 정치인, 기업인이다. 통합진보당 비례대표로 제19대 국회의원에 당선되었으나 2013년 8월, 내란 음모 사건으로 구속되어 의원직을 상실하였다. 2014년 12월 19일, 헌법재판소가 헌정 사상 최초로 통합진보당 해산 결정을 내리면서 통합진보당의 활동은 전면 금지되었다.

이순신 78

이순신(李舜臣, 1545~1598) 임진왜란 때 조선수군을 지휘했던 구국의 명장.

이승만 71, 131

이승만(李承晚, 음력 1875년 3월 26일~1965년 7월 19일)은 독립운동가, 정치가로서 대한민국의 초대 대통령을 지냈다. 독립협회, 한성임시정부, 상하이 임시정부에서 활동했으며, 광복 후 우익 민주진영 지도자로 1948년 초대 대통령에 당선되었다. 4선 후, 4.19혁명으로 사임했다. 『독립정신』, 『일본 내막기』 등의 저서가 있다.

이재용 81

이재용(1968년 6월 23일~)은 기업인으로 삼성전자 부회장이다.

이한영　97

이한영(李韓永, 1960년 4월 2일~1997년 2월 25일)은 북한에서 탈북한 대한민국의 언론인으로, 김정일 국방위원장의 전처 성혜림의 조카였다. 1982년 모스크바를 거쳐 대한민국으로 망명하였으나 북한 공작원에 의해 사살되었다. 본명은 리일남(李一男)으로 귀순 이후 이한영으로 개명하였다.

장면　122, 123, 132, 149

장면(張勉, 1899년 8월 28일~1966년 6월 4일)은 정치가로서 제3차 유엔총회에 수석대표로 참석하여 한국의 국제적 승인을 위하여 노력했다. 1949년 초대 주미대사(駐美大使)가 되어 한미국교를 위하여 공헌하였다. 1950년 영국 포덤대학에서 법학박사 학위를 받았으며, 6·25전쟁 때는 주미대사로 있으면서 유엔과 미국의 지원을 얻어내는 데 크게 기여하였고, 1951년 국무총리가 되었다가 이듬해 사퇴하였다.

전두환　130

전두환(全斗煥, 1931년 1월 18일~)은 군인, 정치가다. 12.12 군사정변을 일으키는 데 주도적인 역할을 했다. 1981년 1월 창당된 민주정의당의 총재가 되어 2월 개정된 새 헌법에 따라 제12대 대통령에 당선되었다.

정주영　82

정주영(鄭周永, 1915년 11월 25일~2001년 3월 21일)은 현대그룹의 창업자다. 제14대 대통령선거에 통일국민당 대통령 후보로 출마하기도 하였다. 1998년 '통일 소' 500마리와 함께 판문점을 넘어 주목을 받았다. 이후 1998년 남북 민간교류의 획기적 사건인 '금강산 관광'을 성사시켰다.

조봉암   130

조봉암(曺奉岩, 1898년~1959년)은 독립운동가, 정치가로 노농총연맹조선총동맹을 조직해 문화부책으로 활약하다가 상하이에 가서 코민테른 원동부(遠東部) 조선 대표에 임명되고, ML당을 조직해 활동했다. 제헌의원, 초대 농림부장관, 제2대 국회부의장을 거쳐 1956년 제3대 대통령 선거에 출마하여 낙선했다. 그 해 진보당(進步黨)을 창당, 위원장이 되어 정당 활동을 하다가 1958년 1월 국가보안법 위반으로 체포되어 대법원에서 사형선고를 받고 1959년 처형되었다. 2011년 1월 20일 대법원에서 간첩죄와 국가보안법 위반 등 주요 혐의에 대해 무죄 선고를 받았다.

처칠   146, 158

윈스턴 처칠(Winston Leonard Spencer Churchill, 1874년 11월 30일~1965년 1월 24일)은 영국의 정치가로 1906년 이후 자유당 내각의 통상장관, 식민장관, 해군장관 등을 역임하였다. 보수당에 복귀해 주류파의 유화 정책에 반대하며 영국·프랑스·소련의 동맹을 제창하였다. 세계 제2차 대전 중에 노동당과의 연립내각을 이끌고 F.루즈벨트, 스탈린과 더불어 전쟁의 최고 정책을 지도했다. 이후 반소 진영의 선두에 섰으며 1946년 '철의 장막'이라는 신조어를 만들어내기도 했다. 『제2차 세계대전 The Second World War』이라는 저서로 1953년 노벨문학상을 수상했다.

최순실   81

최순실(崔順實, 1956년 6월 23일~ 최서원으로 개명)은 대한민국 제18대 대통령 박근혜의 측근으로, 국정농단 사태를 통해 세간에 알려졌다.

케네디   66

존 F. 케네디(John Fitzgerald Kennedy, 1917년 5월 29일~1963년 11월

22일)는 미국의 정치가로 제35대 대통령을 지냈다. 소련과 부분적인 핵실험금지조약을 체결하였고 중남미 여러 나라와 '진보를 위한 동맹'을 결성하였으며 평화봉사단을 창설하였다. 1957년 『용기 있는 사람들 Profiles in Courage(1957)』로 퓰리처상을 수상했다. 대통령 재임 중 암살되었다.

케인즈 23

존 M. 케인즈(John Maynard Keynes, 1883년 6월 5일~1946년 4월 21일)는 영국의 경제학자로 저서인 『고용·이자 및 화폐의 일반이론(1936년)』에서 완전고용을 실현·유지하기 위해서는 자유방임주의가 아닌 정부의 보완책(공공지출)이 필요하다고 주장하였다. 이 이론에 입각한 사상의 개혁을 케인즈 혁명이라고 한다.

콜 147

헬무트 콜(Helmut Josef Michael Kohl, 1930년 4월 3일~2017년 6월 16일)은 독일의 정치가로, 1973년 기민당 총재를 거쳐 1982년 서독의 세6대 총리가 되어 통일 이후까지 총 16년간 재임하였다. 1990년 10월 독일 통일을 달성하였으며, 유럽 통합에도 크게 기여하였다.

토크빌 16

알렉시스 드 토크빌(Alexis de Tocqueville, 1805년 7월 29일~1859년 4월 16일)은 프랑스의 정치학자이자 역사가, 정치가다. 26세에 미국의 민주주의를 살펴보기 위해 친구 귀스타보 드 보몽(Gustave de Beaumont, 1802~1866)과 함께 뉴욕을 방문했다. 미국 형사법 체제를 공부한다는 명분이었지만, 토크빌은 세계 최초이자 유일하게 완전한 민주주의 체제를 갖춘 미국의 현장 답사라는 목표를 가지고 있었다. 토크빌은 보몽과 함께 약 9개월 동안 뉴욕을 비롯한 동부지역과 일부 캐나다 지역 및 루이지애나, 오하이

오까지 둘러보았고, 1832년 프랑스로 귀국하여 이듬해 《미국의 형법 시스템 분석 및 프랑스 형법 시스템으로의 적용》이라는 논문을 내놓았다. 자신의 공식 업무를 마친 토크빌은 2년간 자택에서 『미국의 민주주의』를 집필했고, 이 책은 이 분야의 바이블로 꼽힌다. J.S.밀에게 큰 영향을 주었다.

트럼프 166

도널드 트럼프(Donald John Trump, 1946년 6월 14일~)는 미국의 정치가, 기업가다. 1970년대부터 부동산 사업으로 부를 쌓았으며, 2016년 제45대 미국 대통령 선거에 공화당 후보로 출마하여 당선되었다.

트루먼 66

해리 트루먼(Harry S. Truman, 1884년 5월 8일~1972년 12월 26일)은 미국의 정치인으로, 1944년 F. 루즈벨트 대통령의 러닝메이트로 부통령이 되었으나 취임 3개월 만에 대통령의 갑작스러운 사망으로 대통령직을 승계하여 제33대 대통령으로 취임하였다. 취임 직후, 연합군에 항복을 거부하는 일본에 대하여 원자폭탄 투하를 결정하였고 결국 일본의 항복으로 제2차 세계대전이 종식되었다. 그 후 반소·반공을 내세운 '트루먼독트린(Truman Doctrine)'을 선포하였으며, 유럽부흥을 위해 '마셜 플랜'으로 불리는 마셜원조계획을 실시하면서 파괴된 유럽을 재건하고, 자본주의 질서를 공고히 하였다.

페인 12, 43, 138, 139

토머스 페인(Thomas Paine, 1737년 1월 29일~1809년 6월 8일)은 18세기 미국의 작가, 국제적 혁명이론가로 미국 독립전쟁과 프랑스혁명 때 활약하였다. 『상식』으로 독립이 가져오는 이익을 펼쳐 영향을 끼쳤다. 독립전쟁 때 《위기 The Crisis(1776~1783)》를 간행, 대중의 사기를 고무하였다.

플라톤   152
플라톤(Plato, BC 427년~BC 347년)은 고대 그리스의 철학자로 객관적 관념론의 창시자다. 소크라테스의 제자이며 40세경 아테네 교외의 아카데미아에 학교를 열었고, 많은 저작(30권이 넘는 대화편)을 썼다. 그의 철학은 피타고라스, 파르메니데스, 헤라클레이토스 등의 영향을 받았으며, 그 당시의 유물론자 데모크리토스의 사상과 대립하였다.

히틀러   109, 157
아돌프 히틀러(Adolf Hitler, 1889년 4월 20일~1945년 4월 30일)는 독일의 정치가이며 독재자로 불린다. 게르만 민족주의와 반(反)유태주의를 내걸어 1933년 독일 수상이 되었고 1934년 독일 국가원수가 되었으며 총통으로 불리었다. 제2차 세계대전을 일으켰지만 패색이 짙어지자 자살하였다. 저서로 『나의 투쟁 Mein Kampf』이 있다.

황장엽   97
황장엽(黃長燁, 1923년 2월 17일~2010년 10월 10일)은 북한의 주체사상 이론가이자 정치인이다. 소련의 모스크바대학에서 철학박사학위를 취득하였다. 북한의 최고 통치이념인 '주체사상'을 창시한 인물로서 조선로동당 선전선동부 차장, 김일성종합대학 총장, 조선로동당 국제담당 비서를 역임하였다. 김일성 사후, 북한 내에서 사상투쟁·정치투쟁이 일어나기 시작하자 1997년 한국으로 정치적 망명을 하였으며, 저술 및 강연 등으로 반(反) 김정일운동을 하였다.

감사 말씀

책을 출간할 때마다 아낌없는 노력과 정성을 다해주시는 출판사 '새로운사람들' 이재욱 사장과 편집인들에게 감사하고, 필요한 사진들을 마련해주고 골라주신 박주현 사장과, 글을 쓸 때마다 자료를 찾아내고 검색하느라 수고가 많은 민가람 연구원에게도 감사를 드립니다.